일본 사회의 서벌턴 연구 5

종교·제도·인권 문제와 서벌턴

한국외국어대학교 일본연구소
일본사회의 서벌턴연구 총서

일본 사회의 서벌턴 연구 5

종교 · 제도 · 인권 문제와 서벌턴

문명재 · 이권희 · 편용우 · 최규리
박용구 · 강소영 · 노병호 · 김경옥

Publishing Company

머리말

'동아시아의 호모커뮤니쿠스' 문화를 선도하는 한국외국어대학교 일본연구소는 1990년 정식 발족 이래 일본의 언어, 문학, 문화, 역사, 정치, 경제 등 인문・사회과학에 관한 종합적인 연구를 통하여 한국에서의 일본 연구뿐만 아니라, 학술지 간행, 학술대회 개최, 다양한 공동 연구 수행을 통해 동아시아 지역 상호 간에 지속 가능한 소통과 상생을 위한 다양한 학술・연구 활동을 전개해 오고 있다. 본 연구총서 <일본 사회의 서벌턴 연구5－종교・제도・인권 문제와 서벌턴>은 본 연구소가 2019년 <일본 사회의 서벌턴 연구: 동아시아의 소통과 상생>이라는 주제로 한국연구재단의 인문사회연구소지원사업(1단계 3년, 2단계 3년 총 6년)에 선정되어 진행하고 있는 공동연구의 결과물을 엮은 것이다.

본 연구팀에서는 연구과제에 참여한 연구진의 연차별 연구성과 및 연구소 주최 학술대회와 콜로키엄에 참가한 외부 연구자와의 교류 성과를 모은 연구총서를 1년에 1권씩 6년간 총 6권을 간행하여 연차별 연구주제에 관한 연구성과물을 유기적으로 엮어냄으로써 본 연구과제의 목적과 성과를 명확히 하고, 이를 외부로 발신하여 제 학문 분야에서 활용할 수 있는 기초적 자료를 제공하고자 한다. <일본 사회의 서벌턴 연구5－종교・제도・인권 문제와 서벌턴>

은 연구책임자를 포함한 6인의 전임 혹은 공동연구원과 1인의 초
빙 연구자의 연구성과물을 엮은 그 다섯 번째 결과물이다.

본서 수록 논문을 간략하게 소개하면 다음과 같다.

문명재의 <일본 고전으로 본 男色과 지고(稚兒)의 고찰―서벌턴의
관점에서>는 일본 고전문학을 중심으로 하여 남색(男色)의 역사와
문화, 그리고 남색의 대상이 되었던 지고(稚兒)에 대해 서벌턴의 관
점에서 통시적 고찰을 시도하고 있다. 구체적으로는 남색의 대상
이었던 지고나 고쇼(小姓) 가게마(陰間) 등이 서벌턴으로서 겪었던 고
통, 그리고 앞으로 일본에서 동성애나 동성혼에 대한 인식과 제도
가 어떻게 변모해 갈지, 동성애의 문제를 서벌턴의 인권 문제로 접
근하고 있다.

이권희 <전근대 일본 사회의 '장해자' 인식에 관한 고찰―서벌턴
으로서의 '장해자'의 표상과 '극복' '승화'를 중심으로>는 '장해(障
害)' '장해자(障害者)'의 정의에서 시작하여 고전 문헌에 등장하는 장
해와 장해자의 표상을 분석하여 전근대 일본 사회의 서벌턴으로서
의 장해자에 대한 인식과 이를 극복하고 승화해 나가는 일본인들의
방법을 고찰한 것이다. 서벌턴을 사회적·정치적·문화적으로 소
외된 사람들, 지배집단에 예속되어 있는 종속계급, 하위주체라고
정의할 때, 장해를 안고 태어나 불행한 삶을 살아갔던 일본의 전근
대 시대의 장해자는 인간의 존엄성이라는 측면에서 그야말로 '말할
수 없는' 소수자, 약자를 대표하는 서벌턴적 존재이기 때문이다.

편용우는 <일본 근세의 피차별인과 예능인의 구제>에서 재해
상황에서 이루어진 에도(江戸)의 빈민구제에 대해서 살펴보고, 피차

별민의 구제 상황에 대해 고찰하였다. 사회에서 가장 보호받아야 할 사회적 약자는 국가의 복지 시스템에서 제외되기 쉬운데 대도시와 상업경제가 발달했던 일본의 근세 시대에는 재해에 대비한 빈민구제 제도가 체계적으로 관리되고 있었음에 주목하였다.

최규리·박용구의 <'가쿠레키리시탄' 신앙의 혼종성 이키쓰키시마(生月島)를 중심으로>는 종교의 자유가 주어졌음에도 불구하고 잠복키리시탄의 절반 가량이 가톨릭을 선택하지 않은 이유가 무엇일까? 그리고 일본 정부와 나가사키현, 유네스코가 왜 이키쓰키시마 가쿠레키리시탄의 신앙을 외면했을까? 라는 두 가지 물음에 대해 가쿠레키리시탄 신앙의 본질은 신도, 불교, 민속이라는 토착신앙과 가톨릭의 혼종성에 있음을 밝히고, 따라서 1873년 종교의 자유가 주어졌을 때 가쿠레키리시탄은 가톨릭을 선택할 수 없었으며 유네스코는 이키쓰키시마를 세계문화유산 구성자산에서 제외시키고자 했고, 세계문화유산 등록을 추진하던 일본정부와 나가사키현은 유네스코의 뜻을 거스를 수 없었을 것이란 결론을 도출하고 있다.

강소영의 <영화 「진흙강」과 오사카 하층민 - 전쟁의 상흔과 흔들리는 삶>은 오구리 고헤이(小栗康平)감독의 데뷔작 「진흙강」에 나타나는 전후 오사카 하층민의 삶에 주목하여 '진흙강' 가에 사는 하층민이 지닌 전쟁의 상흔과 빈곤한 삶에 흔들리는 그들의 모습을 분석하였다. 또한 「진흙강」을 소년들의 교류와 우정 이야기가 아닌 오사카 하층민의 적나라한 삶의 투영으로 분석하고, 그 뒷배경으로 부각되는 짙은 전쟁의 상흔에 주목한다. 그 결과 「진흙강」

은 단순히 '50년대의 일본'이나 '50년대의 일본 영화'를 노스탤지어로 그린 것이 아니라 당시 하층민 삶에 대한 깊은 응시로 일본의 자기비판을 일깨우고, 강물이 진흙으로 정체되어 흐르지 못함을 여러 장애로 인해 고통받고 있는 삶의 모습을 은유한 것이라 보았다.

노병호의 <오모토교와 천황제, 유일신의 쟁투─근대 일본 종교문화·정치문화의 일체화, 그리고 정통과 이단>은 근대 일본 종교의 '정통'과 '이단'의 문제를 오모토교(大本教)와 천황제(天皇制)의 대립, 그리고 다신교적인 일본문화 풍토와의 상당히 교착된 구조하에서 권력적인 종교 관계 혹은 종교적인 권력관계라는 '문화적' 측면에 주목하여 '정통'과 '이단'이 근대 일본에서 어떻게 정의되고, 확인되고, 배제되는지를 고찰하였다.

김경옥의 <제도(制度)가 지닌 문화권력과 서벌턴─일본 개호보험제도를 중심으로>는 일본의 개호보험제도에 포함되어 있는 '개호예방'과 '자기부담비용 증가'를 요인으로 문화권력이 생성되고, 이 문화권력의 영향이 고령자를 '서벌턴'화 하고 있음에 대해 고찰하고 있다. 구체적으로는 현대 일본사회의 노인문제 해결 방안의 하나인 개호보험제도를 검토하여 제도 자체가 지닌 문제점을 지적하고, 이 문제점이 문화권력으로 작용할 때 노인은 서벌턴으로 전락할 수 밖에 없다는, 문화권력으로서의 '제도'의 문제를 분석한다.

이상 7편의 연구의 대략을 살펴보았다. 한일 양국의 서벌턴 문제는 역사적 사건을 공유하며 정치·경제적으로 복잡한 관계망 속에 초국가적으로 얽혀있다. 서벌턴은 시대와 지역을 막론하고 사회체제의 최하층과 말단 주변부에 존재해왔으며 지금도 존재하고 있다. 이에 한일의 역사적, 문화적 특수 관계 속에서 핵심 관련자인 일본의 서벌턴 문제에 천착하여 창출한 연구성과를 엮은 본서는 궁극적으로 한국 사회의 서벌턴 문제를 이해하고 해결할 수 있는 단서를 제공할 수 있을 것으로 기대한다.

마지막으로 연구자 여러분과 이 책이 세상에 나올 수 있도록 출판을 허락해주시고 이렇게 멋진 책으로 만들어주신 제이앤씨의 윤석현 대표님, 실제로 실무 작업을 맡아주신 최인노 과장님께 감사의 마음을 전한다.

2022년 11월
연구진을 대신하여
문명재

차례

13

일본 고전으로 본 男色과 지고(稚児)의 고찰
서벌턴의 관점에서

문 명 재

1. 머리말

　최근에 남성 간의 동성애자에 대한 관심이 커지면서 이들에 대한 시선과 인식에도 많은 변화가 일어나고 있다. 호칭에 있어서도 성소수자라는 용어가 자주 사용되게 되었고, 이들의 인권을 보호해야 한다는 목소리도 힘을 얻고 있다. 일본의 경우는 男色이란 용어가 보편화되어 있는데, 그만큼 男色의 역사가 길뿐만 아니라, 男色을 일본적 문화의 특성으로 보기도 한다. 따라서 일본의 男色에 대한 연구도 활발하게 이루어져 왔고, 주로 문화와 문학적 측면[1]에서 바라보는 경우가 대부분이다. 본 고찰에서는 이러한 선행연구

를 바탕으로 하면서, 덧붙여서 사회적 측면에서 男色을 살펴보고자
하였다. 주로 일본 고전문학을 중심으로 하여, 男色의 역사와 문화,
그리고 男色의 대상이 되었던 지고(稚児)에 대해, 서벌턴의 관점에서
통시적으로 접근해보고자 한다.

2. 男色과 지고(稚児)의 기원 및 의미

2-1. 男色과 지고(稚児)의 의미

　　그동안 남성간의 동성애를 의미하는 용어로는 동성애자(homosexual)
호모(homo) 게이(gay) 등과 같이 서양에서 들여온 말들이 주로 사용되
었지만, 최근에는 성소수자라는 명칭이 자주 사용되고 있다. 성적
인 부분에서 사회적 소수자라는 의미의 호칭인데, 다소 포괄적이
긴 하지만 그들의 인권을 고려한 용어로 보인다. 한편, 일본에서
는 예로부터 男色이란 용어가 일반화되어 왔는데, 먼저 男色과 그
대상이 되었던 지고(稚児)에 대해 사전적 의미를 살펴보면 다음과
같다.

1　이용미(2011.2)「稚児物語의 미학에 관한 재고-『秋夜長物語』·『あしびき』를 중
　심으로-」『日語日文學研究』76, 한국일어일문학회, pp.125-138; 濱中修(1991.2)
　「『秋夜長物語』論-稚児と観音をめぐって-」『沖縄国際大学文学部紀要国文学編』
　20-1, 沖縄国際大学文学部, pp.43-67; 平松隆円(2007.3)「日本仏教における僧と稚
　児の男色」『国際日本文化センター紀要』34, 国際日本文化センター, pp.89-130.

16

○ 男色 : ①男性が男性を性欲の対象とすること。男の同性愛。わが国には平安後期以後、流行し、仏家や武家社会では正常な愛欲として容認されていた傾向がある。江戸時代には町人社会にも見られ、男色を主題とする文学が続出し、井原西鶴の「男色大鑑」は著名。おかま。鶏姦。衆道。だんしょく。②男色の対象となるような容貌。また、そういう男。かげま。ちご。若衆。男娼。[2]

○ 稚児 : ①ちのみごの意。赤子。乳児。②やや成長した子ども。童児。小児。③寺院や公家、武家などに召し使われた少年。僧の男色の対象となる場合があったところから転じて、一般に男色の対象となる少年をもいう。[3]

男色이란 남성간의 동성애를 말하는데, 일본에서는 헤이안(平安)시대 후기부터 유행하였고 佛家나 武家에서는 정당한 애욕으로서 용인되었던 경향이 있었다는 점, 에도(江戸)시대에는 조닌(町人)사회에서도 행해졌고 사이카쿠(西鶴)의 『난쇼쿠오카가미(男色大鑑)』와 같이 男色을 주제로 한 문학작품이 다수 등장했다는 점, 오카마(おかま)게이칸(鶏姦) 슈도(衆道) 등도 같은 의미의 명칭이라는 점 등으로 풀이하고 있다.

그리고 지고(稚児)란 일반적으로는 젖먹이 갓난아이나 어린아이를 의미하지만, 별도로 사원이나 귀족 武家에서 부리는 소년을 지칭하였고, 특히 승려의 男色 대상이 되는 경우가 있었기 때문에 男

---

2   日本大辞典刊行会編(1975)『日本国語大辞典8』, 小学館, p.381.
3   日本大辞典刊行会編(1975)『日本国語大辞典7』, 小学館, p.348.

色의 대상이 되는 소년을 의미하기도 한다고 하였는데, 실제로 몇 가지 고전문학의 용례를 통해 구체적으로 살펴보면 다음과 같다.

a. 『竹取物語』:「この児、やしなふほどに、すくすくと大きになりまさる…」[4]

b. 『枕草子』23단:「すさまじきもの…昼ほゆる犬。ちご亡くなりたる産屋。」[5]

c. 『今昔物語集』二七30:「…乳母目ヲ悟シテ、児ニ乳ヲ含メテ…」[6]

d. 『宇治拾遺物語』一12:「児の掻餅するに空寝したる事」[7] / 一13:「田舎の児桜の散るを見て泣く事…この児さめざめと泣きけるを見て、僧のやわら寄りて、『などかうは泣かせ給ふぞ…』」[8]

e. 『徒然草』54단:「御室に、いみじき児のありけるを、いかでさそひ出して遊ばんとたくむ法師どもありて、…御所へ参りて、児をそそのかし出でにけり」[9]

f. 『古今著聞集』八323:「仁和寺覚性法親王の寵童千手・三河の事」[10]

일본 고전문학에서 지고(稚児)의 용례가 가장 먼저 보이는 것은 『다케토리모노가타리(竹取物語)』일텐데,[11] 노인이 대나무 안에서 발

4 片桐洋一(1999)『竹取物語 伊勢物語 大和物語 平中物語』(新編日本古典文学全集), 小学館, p.18.
5 松尾聡 외(1999)『枕草子』(新編日本古典文学全集), 小学館, p.58.
6 馬淵和夫 외(1983)『今昔物語集(4)』(日本古典文学全集), 小学館, p.107.
7 小林智昭(1986)『宇治拾遺物語』(日本古典文学全集), 小学館 p.73.
8 上掲書, p.74.
9 神田秀夫 외(1971)『方丈記 徒然草 正方眼蔵随聞記 歎異抄』(日本古典文学全集), 小学館, p.136.
10 西尾光一 외(1983)『古今著聞集上』(新潮日本古典集成), 新潮社, p.387.

견한 아이에 대해 지고(児)라고 표현하고 있고, 그 이후의 작품인『마쿠라노소시(枕草子)』『곤자쿠모노가타리슈(今昔物語集)』『우지슈이모노가타리(宇治拾遺物語)』 등에서도 단순히 갓난아기 또는 어린아이의 의미로 사용되고 있다. 다만,『우지슈이모노가타리(宇治拾遺物語)』제1권 제13화의 밑줄친 용례「僧のやわら寄りて」에 대해서는, 지는 벚꽃을 보며 울고 있는 지고(稚児)를 승려가 상냥하게 다가가서 달랬다는 표현에 주목하여, 두 사람의 관계를 男色으로 보는 견해도 있다.[12] 이후의 작품인 e.『쓰레즈레구사(徒然草)』나 f.『고콘초몬주(古今著聞集)』의 용례에서는 지고(稚児)가 확실하게 男色의 대상으로서 등장하게 되는데,『고콘초몬주(古今著聞集)』에 대해서는 제4장 '중세문학과 지고(稚児)의 비애'에서 좀 더 자세히 언급하도록 하겠다.

2-2. 男色의 기원 및 인식

일본에서 男色과 관련하여 처음으로 언급된 것은『니혼쇼키(日本書紀)』진구(神功)황후 시대의 기록이다. 진구(神功)황후 섭정 원년(201년)의 기록을 보면, 황후가 신라를 정벌한 후, 국내에서 구데타를 일으킨 오시쿠마노미코(忍熊王)를 공격하기 위해서 아들 오진(応神)천황과

11　『源氏物語』의「絵合巻」에,『竹取物語』에 대해서「物語の出で来はじめの祖」라고 했듯이,『竹取物語』가 최초의 모노가타리(物語) 작품임을 감안해서 서술한 것임.
12　小島孝之(2014.3)「説話を読み解く―宇治拾遺物語の戦略―」『成城国文学論集』36, 成城国文学会, p.4.「この僧はこの稚児に対して先程言いました男色の関係にある、ないしはそういう意図を持っている僧だったのではないかというように見ている人もいます。直接に書いてはありませんからわかりませんが、想像の範囲内でそういう可能性はあると思います。」

의논한 끝에 기노쿠니(紀国)의 시노노미야(小竹宮)로 이동했을 때, 갑자기 天氣에 이변이 일어났는데, 다음과 같이 서술하고 있다.

○ 『日本書紀』神功皇后摂政元年(辛巳二〇一)二月条

適是時也。晝暗如夜、已経多日。時人曰、常夜行之也。皇后問紀直祖豊耳曰、是怪何由矣。時有一老父曰、伝聞、如是怪謂阿豆那比之罪也。問何謂也。對曰、二社祝者、共合葬歟。因以、令推問巷里、有一人曰、小竹祝與天野祝、共爲善友。小竹祝逢病而死之。天野祝血泣曰、吾也生爲交友。何死之無宣同穴乎、則伏屍側而自死。仍合葬焉。蓋是之乎。乃開墓視之實也。故更改棺櫬。各異處以埋之。則日暉炳火榮、日夜有別。[13]

며칠째 낮이 밤같이 캄캄해지자 사람들이 말하기를 「도코야미유쿠(常夜行)」, 즉 日蝕이 바로 이것이라고 했다. 황후가 기노아타히노오야토요미미(紀直祖豊耳)에게, 「이 이상한 일은 무엇 때문인가?」라고 물었더니, 한 노인이 말하기를 「전해 듣자하니, 이런 괴이한 일은 아즈나히노쓰미(阿豆那比罪) 때문이라고 합니다」라고 아뢰었다. 그게 무엇이냐고 다시 물으시자 답하여 말하기를, 「두 神社의 하후리(祝者)[14]를 함께 合葬했기 때문인 것 같습니다」라고 했다. 그래서 마을 사람에게 알아보게 했더니, 어떤 사람이 말하기를, 「시

---

13 坂本太郎 외(1967)『日本書紀上』(日本古典文学大系), 岩波書店, pp.345-347.

14 職員令集解의 神祇官条의 기록에, 「補宜・破布里、是神部也」라고 되어 있고, 각 지방의 神社마다 하후리(祝者)가 있었는데 보통은 神主・補宜보다 하급의 神職이라고 한다.(上掲書, p.565의 補注99참조)

노노하후리(小竹祝)와 아마노하후리(天野祝) 두 사람은 서로 친한 벗이었는데, 시노노하후리가 병으로 죽게 되었습니다. 그러자 아마노하후리가 몹시 슬피 울면서 말하기를『나는 그와 생전에 친한 벗이었으니 죽어서도 어찌 묻힐 구덩이를 달리 하겠는가』라고 말하고, 즉시 시체 옆에 누워서 목숨을 끊었습니다. 그래서 두 사람을 함께 묻었는데, 아마 이 일 때문인가 봅니다」라고 아뢰었다. 이후 즉시 무덤을 열어 보니 사실이었다. 그래서 관을 다시 만들어 각자 다른 곳에 묻었더니 다시 햇빛이 비치고 낮과 밤이 분명해졌다」는 것이다.

즉 日蝕 현상이 일어난 원인은 「아즈나이노쓰미(阿豆那比罪)」 때문이고, 이것은 시노노하후리(小竹祝)가 病死했을 때 친구인 아마노노하후리(天野祝)가 시체 옆에서 자살하자 두 사람을 合葬한 것을 말한다고 하였다. 이러한 두 사람의 관계를 男色으로 규정하고 이 기록을 男色의 기원으로 보기도 하는데,[15] 男色을 죄악으로 여겼던 당시의 인식을 엿볼 수 있다.

3. 지고(稚児)와 男色에 대한 인식

3-1. 부정적 인식

앞에서 서술한 「아즈나이노쓰미(阿豆那比罪)」 의식에서 보았듯이,

---

15 国史大辞典編集委員会編(1979)『国史大辞典1』, 吉川弘文館, p.210.

男色을 죄악으로 여겼던 것은, 당시의 유교적 가치관에서 보아도 당연한 것이었겠지만, 불교에서도 매우 부정적으로 인식하고 있었음을 알 수 있다. 일례로, 985년 겐신(源信)이 쓴 『오조요슈(往生要集)』는 일본 정토교 확립에 결정적 영향을 끼친 저서로 잘 알려져 있는데, 그 안에는 인간이 생전에 저지른 죄에 따라 다양한 지옥에 떨어져서 받는 고통이 생생하게 묘사되어 있고, 그 가운데 男色과 관련된 부분을 발췌해 보면 다음과 같다.

> ○『往生要集』卷上 大文第一 厭離穢土 第一 地獄
>
> 此大地獄、復有十六別処、謂有一処、名悪見処、取他児子、強逼邪行、令号哭者、堕此受苦、謂罪人見自児子、在地獄中、獄卒若以鉄杖、若以鉄錐、刺其陰中、若以鉄鉤、釘其陰中、既見自子如是苦事、愛心悲絶、不可堪忍、此愛心苦、於火焼苦、十六分中、不及其一、彼人如是心苦逼已、復受身苦、謂頭面在下、盛熱銅汁、灌其糞門、入其身内、焼其熱蔵大小腸等、次第焼已、在下而出、具受身心二苦、無量百千年中不止、又有別処、名<u>多苦悩</u>、謂男於男行邪行者、堕此受苦、謂見本男子、一切身分、皆悉熱炎、来抱其身、一切身分、皆悉解散、死已復活、極生怖畏、走避而去、堕於嶮岸、有炎嘴鳥炎口野干、而嘴食之[16]

『오조요슈(往生要集)』에 의하면 8대 지옥 가운데 세 번째가 슈고(衆合)

---

16 石田瑞麿(1979)『源信』(日本思想大系6), 岩波書店, p.326.

지옥인데, 살생 도둑 음행을 저지른 자들이 떨어지는 지옥으로, 산과 바위가 양쪽에서 짓누르거나 맷돌에 갈려 온몸이 으깨어지는 고통을 당하게 된다고 하였고, 이 대지옥의 16개 別處 가운데 첫 번째를 아쿠겐쇼(悪見処)라고 불렀다. 여기에 떨어지는 자는, 남의 아이를 강제로 추행하여 통곡하게 하는 자(取他児子、強逼邪行、令号哭者)로, 자기 자식도 지옥에서 철로 된 송곳이나 못으로 성기를 찔려 고통을 당하는 모습을 보게 된다고 하였다. 즉 스스로가 당하는 고통도 무섭지만 고통스러워하는 자식을 바라보게 하는 고통을 겪게 함으로써 자업자득의 벌을 받게 하는 것이다. 또 다른 別處인 다쿠노쇼(多苦悩処)는, 남자가 남자와 교접한 자(男於男行邪行者), 즉 男色을 행한 자가 떨어지는 지옥으로, 불꽃에 타는 남자의 몸을 안고 온몸이 녹아서 죽게 된다. 그러다 다시 살아나서 공포에 날뛰다 험한 절벽 밑으로 떨어지면 까마귀와 여우가 불꽃 주둥이로 잡아먹는 고통을 당하게 된다고 하였다.

이와 같이 무서운 지옥의 고통을 생생하게 묘사함으로써 겐신(源信)은 지고(稚児)를 범하거나 男色을 행하는 것에 대해 엄하게 경계를 하였는데, 이는 당시의 佛家에서 男色을 얼마나 무거운 죄악으로 여겼는지를 여실히 보여주고 있다.

3-2. 긍정적 인식

일본에서는 불교가 전해진 이후 계율을 통해 승려의 엄격한 수행을 규제해 왔다. 그 가운데 不婬戒는 승려가 이성과 성적인 관계를 맺어서는 안 된다고 하는 계율인데, 이 계율을 범한 승려는 교단에서 영구히 추방당하기도 했다. 그렇기 때문에 승려는 여성을 범하는 파계를 피하면서 성적인 욕구를 해소하기 위해 승방의 美童인 지고(稚児)에게 눈길을 돌린 것으로 보인다.

앞의『오조요슈(往生要集)』의 지옥관에 잘 나타나 있듯이 헤이안(平安) 초기만 해도 男色은 역시 무서운 죄악으로 여겼지만, 점차 지고(稚児)와의 애정 행위를 자기합리화하고 男色의 죄책감에서 벗어나고자 하는 의식이 나타나게 되는데, 예를 들어「이치치고니산노(一稚児二山王)」라는 말도 그러한 의식의 변화가 반영된 것으로 보인다. 먼저 이 표현에 대한 사전적 의미를 살펴보면 다음과 같다.

① 最澄が比叡山に初めて登ったとき、最初に稚児に会い、次いで山王に会ったと伝える故事。＊『渓嵐拾葉集』-六 「問。付山王、一児二山王云事如何。答。山門記録説曰、高祖大師、最初御登山之時、二人化人値給。先現天童、次山王影向給、故一児二山王云也。又云、十禅師宝殿内童子形御座其義也　云云　因物語云、山門延年時、秀口児髪さかりたれば、一児二山王申也」
② (転じて)比叡山の僧侶たちが山王権現よりも稚児を愛し尊んで、男色にふけったことをあざけっていったことば。[17]

이 표현은 일본 천태종의 開祖인 사이초(最澄)가 히에잔(比叡山)에

17　日本大辞典刊行会編(1975)『日本国語大辞典1』, 小学館, p.837.

처음 올랐을 때 먼저 지고(稚児)를 만나고 다음에 산노(山王)를 만났다는 故事에서 유래한다고 하고, 『게이란슈요슈(溪嵐拾葉集)』[18] 제6권의 기록을 출처로 제시하고 있다. 그리고 이 故事에서 의미가 전성되어 히에잔(比叡山) 승려들이 산노곤겐(山王権現)[19]보다도 지고(稚児)를 더 애지중지하며 男色에 빠진 것을 비웃는 표현이 되었다고 풀이하고 있다.

또한 고야마사토코(小山聡子)에 의하면, 「천태종에서는 가마쿠라(鎌倉) 말기가 되면 『이치고니산노(一児二山王)』란 말을 자주 사용하게 되는데, 이것은 사이초(最澄)가 히에잔(比叡山)에 입산했을 때 최초로 만난 것이 지고(稚児)와 산노곤겐(山王権現)이었고, 이들이 히에잔(比叡山)의 신앙 가운데 매우 중요한 의미를 갖는다는 것이고, 주목할 만한 점으로, 이 『이치고니산노(一児二山王)』가 지고(稚児)를 신성시 하는 관념에서 성립한 말이기도 하다」[20]는 점을 지적하고 있다.

이와 같은 지고(稚児)의 신격화는 本地垂迹 사상에 의한 것임을 잘 나타내주는 기록이 바로 『고지세이쿄히덴시(弘児聖教秘伝私)』인데, 관

---

18 1318년에 천태종 승려 고슈(光宗)가 저술한 불교서(日本古典文学大辞典編集委員会(1984)『日本古典文学大辞典 第二巻』, 岩波書店, p.370)

19 滋賀県大津市坂本本町にある天台宗本山延暦寺の総鎮守日吉(ひえ)大社の別称。オオヤマクイノカミを主神とする古い山岳信仰にその源を発する。最澄の建立にかかわるもので、天台宗の守護神として、神仏習合の形をとって驚異的な発展を遂げたため山王権現と称する。本地垂迹説の思想をもとに権現なる観念が生まれた。(高柳光寿 외(1986)『日本史辞典』, 角川書店, p.421)

20 「天台宗では、鎌倉末期になると、『一児二山王』という言葉を盛んに用いるようになる。これは、最澄が比叡山に入山したときに最初に出会ったのが稚児と山王権現であり、それらが比叡山の信仰の中で非常に重要な意味を持つとする説である。注目すべきことに、この『一児二山王』は、稚児を神聖視する観念から成り立っている言葉でもある。」(小山聡子(2007.3)「寺院社会における僧侶と稚児ー『往生要集』理解を中心としてー」『二松学舎大学論集』50, 二松学舎大学, pp.25-26)

련 부분을 인용해보면 다음과 같다.

○ 『弘児聖教秘伝私』

我等一切の衆生の胸底に八葉の蓮華あり。この蓮華、善念起こる時は
開き悪念起こる時はしぼむなり。… 煩悩の炎起これバしぼみ、炎消ず
れば開くなり。租犯にでもあれ犯して後十二刻の程は仏神に詣るべか
らず。その故は煩悩の火に焼死する所の八万四千の虫の香くさし。是
をば仏きらひ給ふなり。天魔は是を悦びて障礙を成すなり。されば仏
法僧は堪忍すべきものなり。是は浅略一分の道理なり。忍び難き時は
ただ沙弥と小児に付いて煩悩の火を消すべし。されば<u>稚児は菩提山
王の垂迹なり</u>。[21]

　위의 내용에 대해 히라마쓰류엔(平松隆円)은, 佛性의 상징인 연꽃
은 좋은 생각을 하고 번뇌가 사라지면 피어나고 나쁜 생각을 하고
번뇌가 생기면 시들기 때문에 佛性을 이끌어내기 위해서는 좋은 생
각을 하고 번뇌를 없애야 한다고 하고, 번뇌를 없애는 방법으로는
불문에 막 들어온 사미나 승려를 시중드는 지고(稚児)의 힘을 빌려
야 하는데, 왜냐하면 지고(稚児)는 단순한 미소년이 아니라 보다이
산노(菩提山王)가 중생을 구제하기 위해서 임시의 모습으로 나타난
존재라고 여겼기 때문이라고 풀이하고 있다.[22]

21　恵心(1525)『弘児聖教秘伝私』天海蔵 叡山文庫(平松隆円(2007.3)「日本仏教にお
　　ける僧と稚児の男色」『国際日本文化研究センター紀要』34, 国際日本文化研究センター,
　　p.110에서 재인용)
22　平松隆円(2007.3)「日本仏教における僧と稚児の男色」『国際日本文化研究センター

이처럼 지고(稚児)를 보다이산노(菩提山王)의 재현으로 여긴 本地垂迹 사상에서 한 걸음 더 나아가면 지고(稚児)의 불보살화로 이어지는데, 특히 지고(稚児)에게 灌頂을 행하는 의식에 주목하고자 한다.

　○ 『児灌頂私記』
　　我ら一切衆生観音の大慈に預りて無明煩悩を断る間過なきものなり。
　　故に自然戒門と云ふなり。但し我ら欲しいままに犯すべきにあらず。も
　　し顛倒妄想に引かれて煩悩の炎起せば犯すべし。<u>たとえもし犯すとも
　　かくの如くこの灌頂の児を犯すべし。もし無灌頂の児を犯さば三悪道の
　　種因となるべし。</u>これを犯す時観音ただ想に応じ児は等覚深位の薩唾
　　我は円の初住の菩薩と思ふべき故に初住の無明煩悩を等覚智にて断
　　ずる意なり。23

　위의『지고칸조시키(児灌頂私記)』에 의하면, 만일 망상에 끌려 번뇌의 불꽃이 일어나면 (지고[稚児]를) 범할 수도 있지만, 설령 범하더라도 灌頂을 받은 지고(稚児)를 범해야 한다. 만일 無灌頂의 지고(稚児)를 범하면 三悪道에 떨어지는 원인이 될 것이라고 하고 있다.
　원래 灌頂의 의미는 정수리에 물을 붓는다는 뜻인데, 옛날에 인도에서 태자나 국왕이 즉위할 머리의 정수리에 물을 붓던 의식에서 전성된 불교어로서, 부처가 보살에게 성불을 약속하는 의미로

　　　紀要』34, 国際日本文化研究センター, p.110.
　23　『児灌頂私記』真如蔵　叡山文庫 1451 (平松隆円(2007.3)「日本仏教における僧と稚
　　　児の男色」『国際日本文化研究センター紀要』34, 国際日本文化研究センター, p.112
　　　에서 재인용)

행하는 의식이 된 것이라고 한다.[24] 따라서 灌頂을 받은 지고(稚児)는 단순히 승려의 신변을 보살피는 보통의 지고(稚児)와는 다르게 불보살의 化身으로 여겨졌고, 그렇기 때문에 灌頂 지고(稚児)와 교접하는 행위는 파계가 아니라 번뇌의 불꽃을 끄고 佛性을 이끌어내는 행위로 여겨진 것이다.

이처럼 지고(稚児)에 대한 男色이 성행함에 따라 계율을 범하게 되는 승려들은 죄의식에 고민했을 것이고, 특히『오조요슈(往生要集)』에 나타난 바와 같이 무서운 지옥에 떨어지는 것을 두려워하지 않을 수 없었을 것이다. 이러한 고민과 두려움에서 벗어나기 위한 방편이 지고(稚児)의 신격화 또는 灌頂을 통한 불보살화로 이어진 것으로 생각된다.

지고(稚児)와 승려의 男色 관계는 다양한 것이어서 모든 것을 권력과 피지배의 관계로 단정지을 수는 없을 것이다. 하지만 서벌턴으로서의 지고(稚児) 입장에서 보았을 때 이들 방편은 지고(稚児)의 지위를 격상시키고 인격을 보호하기 위한 것이 아니었고, 오히려 男色의 대상으로 삼기 위한 권력자, 즉 승려의 이익과 자기합리화의 수단에 지나지 않았던 것으로 보인다. 다시 말하면 女人禁制라는 사원 생활 속에서 발생한 男色 행위를 정당화하기 위한 장치였다고 말할 수 있겠고, 따라서 지고(稚児)의 신격화와 불보살화가 이루어짐으로써 그들이 서벌턴의 지위에서 벗어났다고는 할 수 없을 것이다.

---

24 日本大辞典刊行会編(1975)『日本国語大辞典3』, 小学館, p.364.

4. 중세문학과 지고(稚児)의 비애

4-1. 지고모노가타리(稚児物語)의 유행

중세에는 미모의 지고(稚児)와 그를 둘러싼 승려의 사랑, 갈등 등을 묘사한 소설이 많이 등장하는데, 이를 총칭해서 지고모노가타리(児物語)라고 한다. 중세 사회에서는 어렸을 때 사원에 들어가 교육을 받는 일이 적지 않았는데, 이들은 성인이 되면 승려가 되든지 또는 자기 집으로 돌아가든지 했다. 女人禁制의 사원에서는 이들 稚児들 중에서 특히 미모의 아이가 승려의 관심을 받았고 동성애의 대상으로서 인기를 끌었다.

이미 무로마치(室町)시대 이전에도 『지고소시(稚児草子)』『지고칸논엔기(児観音縁起)』『고즈케노키미쇼소쿠(上野君消息)』 등의 작품이 있었고, 특히 무로마치(室町)시대에는 『아키노요나가모노가타리(秋夜長物語)』『아시비키(あしびき)』『겐무모노가타리(幻夢物語)』『도리베야마노모가타리(鳥部山物語)』『마쓰호노우라모노가타리(松帆浦物語)』『사가모노가타리(嵯峨物語)』『벤노소시(弁の草紙)』와 같이 상당히 많은 작품들이 성립했다.[25]

이 가운데 주요 몇 작품만 소개하면, 『지고소시(稚児草子)』는 작자미상으로 겐쿄(元亨) 원년(1321)의 성립 연대가 기록되어 있는 에마키모노(絵巻物)이다. 중세의 승려와 지고(稚児)의 性愛를 주제로, 모두 5

---

25 国史大辞典編集委員会編(1979)『国史大辞典9』, 吉川弘文館, p.401.

단으로 이루어져 있다. 전체적인 내용은 고승이나 노승을 모시던 지고(稚児)가, 그를 사모하는 하급 승려나 하인과 정을 통한다는 줄거리인데, 男色을 묘사한 그림과 표현이 매우 노골적이고, 승려를 만족시키고자 하는 지고(稚児)의 행동에서 서벌턴의 입장을 느낄 수 있다.

『지고간논엔기(稚児観音縁起)』는 나라(奈良) 고후쿠지(興福寺) 보다이인(菩提院) 십일면관음상의 縁起로, 가마쿠라(鎌倉) 말기의 성립으로 추정되는 작자 미상의 에마키(絵巻)이다. 야마토(大和)지방의 한 노승이 후손이 없음을 탄식하면서 하세데라(長谷寺) 관음상에 3년 3개월 기원을 드리고 돌아오는 길에 아름다운 지고(稚児)를 만나게 된다. 詩歌와 管弦의 재능이 뛰어나서 노승이 아주 총애했는데 3년 뒤에 병으로 죽게 되었고, 지고(稚児)의 유언대로 사후 35일째 되는 날 관을 열어보니 금색의 십일면관음이 나타났다. 이 관음이 바로 보다이인(菩提院)의 지고관음(児観音)이라고 마무리 짓고 있다.[26]

마지막으로 지고모노가타리(児物語)의 전형이라고 할 수 있는 작품이『아키노요나가모노가타리(秋夜長物語)』이다. 승려 게이카이(桂海)는 꿈에 본 아름다운 동자를 만나는데 그가 바로 우메와카(梅若)라는 지고(稚児)였다. 이후 게이카이(桂海)는 우메와카(梅若)와 관계를 맺게 되는데 우메와카(梅若)가 덴구(天狗)에게 유괴당하고 만다. 이 일을 계기로 산몬(山門=延暦寺)과 지몬(寺門=園城寺, 三井寺) 사이에 싸움이 벌어지고, 나중에 덴구(天狗)로부터 구출된 우메와카(梅若)는 부친의 저

---

26 上揭書, p.401.

택과 미이데라(三井寺)가 불탄 모습에 슬퍼하며 투신 자살을 하게 된
다. 우메와카(梅若)를 잃고 비탄에 빠진 게이카이(桂海)는 산을 떠나
우메와카(梅若)의 명복을 빌며 지냈다. 나중에 미이데라(三井寺) 승려
의 꿈에 新羅大明神이 나타나 말하기를, 우메와카(梅若)는 觀音의 화
신이고, 모든 일이 게이카이(桂海)를 진정한 佛道로 이끌기 위한 방
편이었음을 밝히며 끝을 맺는다.

이상 살펴본 바와 같이 지고모노가타리(児物語) 중에는 앞에서 살
펴본 지고(稚児)의 불보살화, 특히 觀音의 화신으로 묘사하면서 男色
을 행한 승려의 수행을 돕기 위한 방편의 하나였다고 서술하는 경
우가 많은데, 이것은 사원에서의 男色이 성행했음을 방증하는 것이
고, 또한 파계의 일탈에 대한 면죄부를 얻기 위한 고육책이었을 것
이다.

4-2. 지고(稚児)의 비애

지고(稚児) 중에는 황족이나 귀족의 자제가 몸가짐의 범절을 익히
기 위해서 사원에 맡겨지는 경우가 있는데 이를 상지고(上稚児)라고
했고, 일정 과정이 끝나면 대부분 집으로 돌아갔기 때문에 이들은
男色의 대상이 아니었다. 그러나 승려의 시중을 들면서 가까이서
모시던 중지고(中稚児)나, 예능의 재능을 보고 부패 승려에게 팔려 온
하지고(下稚児)의 경우는, 男色의 대상이 되어 女人禁制의 세계에서
여성적 존재가 되어야 했다. 즉 지고(稚児)의 세계에도 신분의 차별이
있어서 중하위의 지고(稚児)가 서벌턴으로서의 삶을 살아간 것이다.

　실제로 이들은 사랑이라는 미명 아래 많은 고통과 비애를 겪었을 텐데, 앞에서 소개한『아키노요나가모노가타리(秋夜長物語)』의 경우를 보더라도 男色의 결말은 지고(稚児)의 투신 자살로 이어졌다. 물론 지고(稚児)가 觀音의 화신이었고 승려의 불도 수행을 돕는 방편이었다는 후일담이 있기는 하지만, 그렇다고 해서 지고(稚児)가 겪은 비애가 없어지는 것은 아닐 것이다.

　남녀간의 사랑과 마찬가지로, 男色에 있어서도 사랑에는 질투가 동반하기도 했는데, 지고(稚児)의 희생으로 끝을 맺는 경우가 대부분이다. 대표적인 사례로, 실존했던 인물의 일화를 소개한『고콘초몬주(古今著聞集)』8권 제 323화「닌나지의 가쿠쇼 홋신노가 총애한 동자 센쥬와 미카와의 이야기(仁和寺覚性法親王の寵童千手・三河の事)」를 보면, 닌나지(仁和寺)의 가쿠쇼(覚性)[27]에게는 센쥬(千手)라는 사랑하는 동자가 있었는데, 미카와(三河)라는 동자가 새롭게 총애를 받게 되었고, 센쥬(千手)는 실망하여 모습을 드러내지 않고 있었다. 그러던 어느 날 연회에서 가쿠쇼(覚性)의 동생이자 제자이기도 한 슈카쿠(守覚)는 센쥬(千手)가 보이지 않음을 이상하게 여기고 그를 불러 노래를 하도록 했다. 몸이 좋지 않음을 핑계로 거절했지만 거듭되는 부름에 어쩔 수 없이 나가서 노래를 불렀는데, 노래가 너무 처연해서 속마음을 감출 수 없었다. 센쥬(千手)의 마음을 알게 된 가쿠쇼(覚性)는 그를 안고 침소에 들었다. 다음 날 보니 머리맡의 병풍에 미카와(三

27　도바인(鳥羽院)의 아들이자 고시라카와(後白河)천황의 동생(1129-69). 홋신노(法親王)란, 출가 후에 신노(親王) 宣旨를 받은 황자를 말하고, 반대로 신노(親王) 宣旨를 받고 나서 출가한 신노(親王)는 뉴도신노(入道親王)라고 한다.(高柳光寿 외(1986)『日本史辞典』, 角川書店, p.878.)

河)의 노래가 붙어있었는데, 센쥬(千手)에게로 다시 옮겨간 가쿠쇼(覚性)의 매정함을 원망하며 출가를 결심한 듯한 내용이었다. 이후 미카와(三河)의 행방을 알 수 없게 되었는데, 고야산(高野山)에 들어가 승려가 되었다는 소문이 들렸다는 줄거리이다.

이 설화에서 보듯이 센쥬(千手)나 미카와(三河)는 주군인 가쿠쇼(覚性)의 마음에 따라 그들의 운명도 달라지는 처지였고, 서벌턴의 특징인 피지배자의 비애를 생생하게 보여주고 있음을 확인할 수 있다.

이처럼 지고(稚児)의 삶은 주체적이지 못하고 지배자의 힘에 좌우되는 경우가 많았는데, 그들의 비극적 운명이 일본 전국에 걸쳐 전해오는 전설의 소재가 되기도 했다. 예를 들어 연못에 얽힌 전설로는,「도치기현(栃木県) 시오타니군(塩谷郡) 시오바라초(塩原町)의 지고(稚児) 연못 전설이 있는데, 주지승과 지고(稚児)가 사랑하던 중 주지승이 변심하여 다른 지고(稚児)를 사랑하게 되자 실연을 당한 지고(稚児)는 절망에 빠져 호키가와(箒川) 연못에 투신하였고, 원한을 품고 죽은 지고(稚児)는 집착심 때문에 큰 뱀으로 태어나 사람들을 해쳤으므로 名刀 산조무네치카(三条宗近)로 퇴치했다는 이야기이다. 또 다른 이야기는 에노시마(江ノ島)의 지고(稚児) 연못 전설인데, 가마쿠라(鎌倉)의 名刹 겐초지(建長寺)의 고토쿠암(広徳庵)에 사는 지큐(自休) 화상이 弁財天에게 기원을 드리러 갔다가 가마쿠라(鎌倉) 소오인(相応院)의 지고(稚児) 시라키쿠(白菊)에게 마음이 흔들리게 되었다. 지큐(自休) 화상의 사랑을 받고 고민에 빠진 시라키쿠(白菊)는 어느 날 밤 에노시마(江ノ島) 기슭의 연못에서 작별을 고하는 노래를 남기고 몸을 던졌다. 시라키쿠(白菊)의 죽음을 알게 된 지큐(自休) 화상도 노래를 남기고 시라키쿠(白菊)의 뒤를 따랐다. 이후로 이 연못을 지고(稚児) 연못이라고 부르게 되었다는 이야기이다.[28]

　무덤과 관련된 전설도 있다. 미에현(三重県) 나가군(名賀郡) 간베무라(神戸村) 가미칸베(上神戸)의 도세잔(戸世山) 렌묘지(蓮明寺)라는 절에 사는 아름다운 지고(稚児)가 다른 절의 승려 조겐(浄玄)과 사랑을 나누는 사이가 되었다. 그러자 렌묘지(蓮明寺)의 승려들이 조겐(浄玄)을 미워하여 활로 쏘아 죽이려 하였는데 잘못해서 지고(稚児)가 맞아서 죽게 되자 그의 명복을 빌며 지고즈카(稚児塚)라는 무덤을 만들었다고 한다. 미야기현(宮城県)의 아카고즈카(赤児塚) 전설도 비극적이다. 가무를 좋아한 후지와라노히데히라(藤原秀衡)는 춤이 뛰어난 □□(稚児)를 많이 데리고 있었는데 그 중에서도 용모가 빼어나고 춤을 잘 추었던 하루카제(春風)라는 소년을 편애했다. 그래서 다른 지고(稚児)들이 질투해서 몰래 그를 죽여 묻었다고 전해진다.[29]

　이처럼 일본 각지의 연못이나 무덤의 지고(稚児) 전설에서 보듯이, 男色에 얽힌 사랑과 질투가 결국 죽음을 불러오게 되었는데, 그 안에 담긴 지고(稚児)의 아픔과 비애를 통해 서벌턴으로서의 비극적 삶을 엿볼 수 있게 된다.

28　乾克己 외(1986)『日本伝奇伝説大事典』, 角川書店, p.592.
29　上揭書, p.593.

5. 에도(江戸)시대의 男色과 사회적 배경

5-1. 『난쇼쿠오카가미(男色大鑑)』의 男色觀

에도(江戸)시대의 男色을 이해하기 위한 대표적인 작품으로『난쇼쿠오카가미(男色大鑑賞)』를 들 수 있다. 이하라사이카쿠(井原西鶴)가 貞享(조쿄)4년(1687)에 쓴 우키요조시(浮世草子)로, 전 8권 40화로 구성되어 있는데, 제1권-제4권의 전반부 20화와 제5권-제8권의 후반부 20화로 구분된다. 전반부는 조닌(町人) 사회의 男色 3화와 승려의 男色 1화를 제외하고 모두 武家 사회의 男色이야기이고, 후반부는 당시 유행한 가부키(歌舞伎) 계의 男色이야기로 되어 있다.

작품의 서문과 제1화에는 사이카쿠(西鶴)의 男色觀이 잘 나타나 있다고 보이는데, 먼저 서문을 보면 다음과 같은 서술이 주목을 끈다.

> 日本紀愚眼に眈けば、天地はじめてなれる時、ひとつの物なれり。形葦芽のごとし。これ則神となる国常立尊と申す。それより三代は陽の道ひとりなして、衆道の根元を顕はせり。天神四代よりして陰陽みだりに交はりて、男女の神いでき給ひ、なんぞ下髪のむかし、当流の投島田、梅花の油くさき浮世風に、しなへる柳の腰紅の内具、あたら眼を汚しぬ。これらは美児人のなき国の事欠け、隠居の親仁の歔ひのたぐひなるべし。血気栄んの時、詞をかはすべきものにもあらず。すべて若道の有難き門に入る事おそし。[30]

---

30 暉峻康隆 외(2000)『井原西鶴集② 西鶴諸国ばなし 本朝二十不孝 男色大鑑』(新編
日本古典文学全集), 小学館, p.291.

의미를 요약하자면, '일본신화를 보면 천지가 시작되었을 때는 男神 뿐이었고 이것은 衆道(슈도=男色)이 근원이었음을 말해준다. 그러나 그후 이자나기 이자나미의 男女神이 나타나 나라의 陰陽과 풍속이 문란해졌다. 女色은 美少年이 없는 나라에서의 임시변통이자 은거한 노인네의 여흥에 지나지 않는 것이지 혈기왕성한 때에 언급할 것이 못된다. 그러니 모두 男色의 길로 들어서야 할 것이다' 라며, 女色보다 男色의 우월함을 주장하면서 男色을 권장하고 있다. 이러한 의식은 제1화에서도 이어지고 있는데, 해당 부분만 발췌해 보면 다음과 같다.

「色はふたつの物あらそひ」：天照る神代のはじめ、浮橋の河原に住める尻引きといへる鳥のをしへて、衆道にもとづき、日の千麿の尊を愛したまへり。万の虫までも若契の形をあらはすがゆえに、日本を蜻蛉国ともいへり。素盞烏の尊、老いのことかきに稲田姫にたはぶれ、それより世に姦しき赤子の声、取揚げ婆・仲人口鼻も出来、嫁入り長持・葛籠、二親のやかひとなれる。男色ほど美なるもてあそびはなきに、今時の人、この妙なる所をしらず。されば若道のふかき事、倭漢にその類友あり。(中略)惣じて、女の心ざしをたとへていはば、花は咲きながら藤づるのねぢれたるがごとし。若衆は、針ありながら初梅にひとしく、えならぬ匂ひふかし。ここをもっておもひわくれば、女を捨て男にかたむくべし。この道のあさからぬ所を、あまねく弘法大師のひろめたまはぬは、人種を惜しみて、末世の衆道を見通したまへり。これさかんの時は命を捨つべし。なんぞ好色一代男とて、多くの金銀諸々の女につひ

やしぬ。ただ遊興は男色ぞかし。[31]

　제목에 '色은 남녀의 경쟁'이라고 했지만 내용은 서문과 마찬가지로 男色의 우월함을 서술하고 있다. '아마테라스(天照) 시대에 시리비키(尻引き= 꼬리로 지면을 치는 새라는 이름, 역자 주) 새의 동작에서 男色의 가르침을 얻은 행위로 구니토코타치노미코토(國常立尊)는 히노치마루(日の千麿)를 총애하셨다. 모든 곤충까지도 잠자리가 교미하듯이 꼬리를 말고 男色 관계(若道の契)를 보이므로 일본을 잠자리나라(蜻蛉國)라고도 한다. 즉 일본은 신화시대부터 男色을 근본으로 한 나라였다는 것이다. 그런데 스사노오노미코토(素盞烏の尊)가 늘그막에 이나다히메(稲田姫)와 사랑을 나눈 뒤로 시끄러운 갓난아이의 울음소리가 들리게 되고 혼수 등으로 부모가 골치를 앓게 되었다면서, 男色만큼 멋진 놀이는 없음에도 요즘 사람들은 男色의 미묘한 맛을 모른다고 탓하고 있다. 그리고 男色의 역사는 중국이나 일본이 모두 오래되었는데, 일본에서 고보(弘法)대사가 男色의 심오한 매력을 널리 퍼뜨리지 않은 것은 人種이 끊기는 것을 피하기 위해서 였던 것이다. 혈기 왕성한 시절에는 男色에 목숨을 바쳐야지 어찌 好色一代男처럼 많은 돈을 여자에게 허비한단 말인가. 역시 진정한 유흥은 男色뿐이리라.' 라고 하여, 일본은 신화시대부터 男色이 시작된 男色의 나라이고, 男色의 매력은 女色에 비할 바 아니니 男色을 즐기는 것이 진정한 유흥이라고 강조하고 있다. 그러면서 『고쇼쿠이

31　上掲書, pp.295-301.

37

치다이오토코(好色一代男)』의 주인공 요노스케(世之介)가 女色에 재물을 허비한 것을 비난한 것은 어떤 의미에서는 사이카쿠(西鶴) 스스로 모순을 드러낸 것으로도 보이지만, 그만큼 당시 사회에 男色이 만연해 있었음을 의미하는 것이고,『난쇼쿠오카가미(男色大鑑)』에 대한 독자층의 관심을 불러일으키기 위해서 의도한 전략으로 보이기도 한다.

5-2. 『긴세세쓰비쇼넨로쿠(近世説美少年録)』와 무사의 男色

에도(江戸) 말기인 분세이(文政)12년(1829)부터 가에이(嘉永)원년(1848)까지 이어서 간행된『긴세세쓰비쇼넨로쿠(近世説美少年録)』는『난소사토미핫켄덴(南総里見八犬伝)』으로 유명한 교쿠테이바킨(曲亭馬琴)의 요미혼(読本) 작품으로, 모리모토나리(毛利元就, 작품에서는 오에모리시로[大江杜四郎]의 이름으로 등장함)와 스에하루카타(陶請賢, 작품에서는 스에미쓰타마노스케[末松珠之介]의 이름으로 등장함)의 전란을 소재로 하고 있는데,[32] 내용 중에 센고쿠(戦国)시대 무사의 男色을 엿볼 수 있는 장면이 잘 묘사된 부분이 있어 인용해보고자 한다.

---

32 「본 작품은 덴분(天文)20년(1551)에 스오(周防) 야마구치(山口)에서 스에타카후사(陶隆房)가 주군인 오우치요시타카(大内義隆)에게 반역을 일으키자 요시타카(義隆)는 나가토(長門)의 다이네이지(大寧寺)에서 자결하였고, 4년 후인 고지(弘治)원년(1555) 모리모토나리(毛利元就)가 스에하루카타(陶請賢=隆房의 개명)를 아키(安芸) 이쓰쿠시마(厳島)에서 습격하여 하루카타(請賢)가 자결한 전란을 소재로 하고 있다.」(徳田武(1999)『近世説美少年録①』(新編日本古典文学全集), 小学館, p.491. 해설 참조).

登時元盛思ふやう、「那末松珠之介とやらんこそ、多く得がたき美童な
れ。わが主君に薦まうして、その左右に侍らせなば、弟国友が権を奪ふ、こ
は究竟の方人ならん」とはやくも胸に計較たる、…(中略)…却説末松珠之介
は、香西が宿所に赴きて、身辺近く使るに、亦よく主の機を攪りて、意に
悸ずといふことなし。元盛はその初、渠を高国に薦揚て、柳本弾正が、権勢
を折んと、腹策をしたりしに、そが男色に心惑ひ、便佞利口に蕩されて、惜
きものかなと思ふにぞ、愛する心ふかくなりて、放遣るべくもあらざれば、予
の密計空となりて、夜毎に臥房に侍らせつつ、遂に龍陽(こせう)³³にしたりけ
り。現戦国の風俗³⁴にて、男色鶏姦³⁵の淫楽に、耽らぬもののなき世なる
に、珠之介が縹致人に捷れて、且よく媚て世才あれば、元盛いよいよ寵愛し
て、姑くも左右をはなさず。³⁶

이 장면에는 미소년 다마노스케(珠之介)를 둘러싸고 전개되는 당
시 무사들의 男色과 그에 얽힌 계략이 잘 드러나 있다. 미소년 다마
노스케(珠之介)의 원래 주군은 가네아키(兼顕)였는데, 다마노스케(珠之

---

33 중국 전국시대에 魏의 竜陽君이 男色으로 魏王의 은총을 얻었던 故事(戦国策・
    魏策)에 의한 것으로, 男色을 파는 자.(徳田武(1999)『近世説美少年録①』(新編日
    本古典文学全集), 小学館, p.388. 주 3)

34 센고쿠(戦国)시대에는 전장에 나간 무사가 신변 시중을 남자에게 시키지 않을
    수 없었기 때문에 男色이 성행했었다. (上掲書, p.388. 주 4)

35 鶏姦(けいかん): 男子同士で行なう姦淫(かんいん)。男の同性愛。男色(なんしょく)。
    衆道。(日本大辞典刊行会編(1975)『日本国語大辞典4』, 小学館, p.91) 관련 용어
    로 잇케쓰(一穴, いっけつ), 도리노잇케쓰(鶏の一穴, とりのいっけつ)가 있는데, 조
    류나 파충류와 같이 항문과 생식기의 구분이 없는 것을 말하고, 여기에서 전성
    하여 男色을 의미하는 隠語로 사용하기도 한다.(日本大辞典刊行会編(1975)『日
    本国語大辞典1』, 小学館, p.884.)

36 徳田武(1999)『近世説美少年録①』(新編日本古典文学全集), 小学館, p.388.

介)를 보고 마음에 들어하는 가가니시모토모리(香西元盛)에게 보내며
잘 모시라고 당부했다. 처음에 모토모리(元盛)는 다마노스케(珠之介)
의 미모를 이용하여 원한을 품고 있던 동생 구니토모(国友=柳本弾正)
의 권세를 꺾으려는 계책이었지만, 너무 용모와 애교가 뛰어나서
다른 사람에게 보내기에는 아까운 생각이 들었다. 결국 두 사람은
깊은 男色의 관계에 빠지게 되었고 모토모리(元盛)는 원래의 계책도
포기한 채 매일 밤 그를 안고 침소에 드는 것이었다.

이어지는 장면을 인용문의 밑줄 친 부분을 통해 보면, 「실로 센
고쿠(戦国)시대의 풍속으로서 男色 鷄姦의 문란한 환락에 빠지지 않
은 자가 없는 세상인데, 다마노스케(珠之介)의 용모가 남들보다 뛰
어났고 애교 또한 넘쳐나서 모토모리(元盛)는 더욱 그를 총애하여
잠시도 곁에서 떼어놓지 않았다」고 하여, 센고쿠(戦国)시대에 무사
들의 세계에서 男色이 얼마나 횡행했었는지를 말해주고 있다.

센고쿠(戦国)시대에는 전쟁터의 무사가 남성에게 시중을 들게 할
수 밖에 없었는데 이들을 고쇼(小姓)라고 했고, 주로 젊은 남자가 맡
았으므로 자연히 主從間의 男色이 성행하게 되었다. 그리고 위의 모
토모리(元盛)와 다마노스케(珠之介)의 관계에서 보았듯이, 뛰어난 용
모의 고쇼(小姓)는 男色을 수단으로 하여 적군의 전력을 꺾기 위한
전술적 도구로 이용되기도 했는데, 이러한 고쇼(小姓)의 모습을 통
해서, 佛家의 지고(稚児)를 통해 보았던 비애와는 또 다른 모습의 비
애를 느끼지 않을 수 없다.

5-3. 사회적 배경

에도(江戸)시대의 男色과 관련한 사회적 배경으로서 가부키(歌舞伎)의 변화와 男娼을 들 수 있다. 당시 유행했던 온나카부키(女歌舞伎)는 풍기 문란을 이유로 간에이(寛永)6년(1629)에 금지되었고, 이어서 10대 전반의 젊은 미소년들이 무대에 서는 와카슈카부키(若衆歌舞伎)가 등장하게 되었다. 그러나 이 또한 풍기 문란을 일으키는 일이 많았으므로 조오(承応)원년(1652)에 금지, 이후로 성인 남자가 연기하는 야로카부키(野郎歌舞伎)가 되어 오늘날에 이르고 있다.

그런데 에도(江戸)에 들어와 男色을 허용하는 풍조 속에서 금품을 댓가로 몸을 파는 男娼이 탄생하게 되었다. 처음에는 가부키(歌舞伎) 배우가 부업으로 몸을 팔았지만 점차 무대에 서지 못한 미숙한 배우도 男娼이 되었고 마침내 男娼을 전업으로 삼는 자도 나타났다.[37] 이처럼 무대에 서지 못한 소년 배우를 가게마(陰間)라고도 하는데, 이들은 술자리에 불려가 男色을 팔기도 했고, 男娼을 고용하거나 알선하는 가게마차야(陰間茶屋)도 생겨났다.

이들 가게마(陰間)가 男色을 팔면서 많은 수모와 비애를 겪었던 것은 다양한 문학을 통해서도 묘사되고 있는데, 우선 당시에 유행했던 센류(川柳) 몇 구를 통해 살펴보도록 하겠다.

　　a.「酔い覚めて見れば陰間を抱いて居る」

37　安藤優一郎(2019)『江戸文化から見る男娼と男色の歴史』, カンゼン, p.3.

  b.「お鉢米和尚はみんな釜へ入れ」[38]

  c.「芳町の仁者痔を見てせざる也[39]

 당시 가게마차야(陰間茶屋)의 단골 고객은 무사와 승려였는데 점차 경제가 발달하면서 조닌(町人)이 늘어났고 여성 손님도 늘어났다고 한다. 센류(川柳)a는 '술이 깨고 보니 가게마를 안고 있네'라는 뜻인데, 당시에 가게마(陰間)를 사는 일이 매우 일상적으로 있었던 일임을 보여준다.[40] 그리고 센류(川柳)b는 '스님은 시주받은 쌀을 모두 가게마에게 써버리네' 라는 뜻으로, 여기에서 「오하치마이(お鉢米)」란 香典과 함께 절에 시주한 한 되 정도의 쌀을 말하고, 「가마(釜)」는 「가게마(陰間)」를 가리키는 중의어로 보인다. 즉 스님이 절에 시주한 香典과 쌀을 모두 가게마(陰間)에게 써버렸다는 것인데, 당시 승려가 가게마(陰間)를 사서 男色을 즐기는 것을 서민들이 차가운 눈으로 보고 있었음을 느끼게 해준다. 센류(川柳)c는 '요시초의 어진 손님이 가게마의 치질을 보고 성교를 하지 않았네'라는 뜻인데, 당시 에도(江戸)의 요시초(芳町)에는 男色樓가 모여 있었고, 많은 곳에서는 100명이나 되는 가게마(陰間)를 고용하고 있었다고 한다. 男色을 파는 영업이 얼마나 성행했는지 짐작할 수 있겠는데, 그곳의 어진 손님이 가게마(陰間)의 치질을 보고 안쓰러워서 성교를 하지 않았다는 것이다.

38 上掲書, p.92.
39 江戸芳町の男色と川柳―仰陽記
  (https://muchasgracias908.blog.fc2.com/blog-entry-54.html)
40 安藤優一郎(2019)『江戸文化から見る男娼と男色の歴史』, カンゼン, p.90.

여기에서 알 수 있듯이 동성인 남자에게 몸을 파는 가게마(陰間)에게 있어서 치질은 일종의 직업병이었다. 그들은 직업상 항문에 상처를 입는 일이 많았는데 삶은 파의 흰 부분을 대서 처치하였으므로 파를 상비해두고 있었다고 한다. 그러나 상처가 심해져서 치질이 되면 약을 바르거나 온천요법을 이용했다. 히라가겐나이(平賀源内)의 저서『네나시구사(根南志具佐)』(1763)에, 「다지마(但馬)의 기노사키(城の崎), 하코네(箱根)의 소코쿠라(底倉)에 湯治하러 온 자의 대부분은 모두 男色을 했기 때문이다(但馬の城の崎、箱根の底倉へ湯治する者多きは皆男色の有るゆゑなり)」라고 서술되어 있는 것으로 보아, 관서에서는 기노사키(城の崎)온천, 관동에서는 하코네(箱根)의 소코쿠라(底倉)온천을 많이 이용했음을 알 수 있다.[41]

한편,『난쇼쿠오카가미(男色大鑑)』의 제7권 제1화를 보면, '유녀와 같지는 않지만 손님 접대를 하는 와카슈(若衆)도 또한 비애를 느끼는 경우가 한이 없었다(品はかはれど、なほ勤め子のかなしきは限りもなし)'[42]고 하면서, 男色을 파는 입장에서 겪는 고충의 사례를 다음과 같이 서술하고 있다.

> きのふは田舎侍のかたむくろなる人に、その気に入相ごろより夜ふくるまで
> 無理酒にいたみ、今日はまた七八人の伊勢講仲間として買はれ、床入りは
> ひそかに鬮どりしらるるなど、その中に好ける客もあるに、鬮のならひとていや

41 上掲書, p.157.
42 暉峻康隆 외(2000)『井原西鶴集② 西鶴諸国ばなし 本朝二十不孝 男色大鑑』(新編日本古典文学全集), 小学館, p.526.

風なる親仁目に取り当てられ、かしらからしなだれ、髪のそこぬるをもかまは
ず、爪のながき手を打ち懸けられ、楊枝つかはぬ口をちかく寄せられ、木綿
のひとへなる肌着身にさはりておそろしきに、革たびの匂ひ籠りて鼻ふさげ
ば、衆道の分も知らずしてふんどしとしとき掛かる。銀が敵、と是非もなく自
由させながら、ひみつのすまたを持つてまゐり、夜更け起き別るるまでにいか
ばかり年を寄らしぬ。これみなわが身の徳にはならず、親方のためばかりにし
て、一しほうたてかりき。[43]

즉, '어제는 완고한 시골 무사에게 불려가 마음에 들기 위해서 밤
늦게까지 억지로 술을 마셔서 호된 꼴을 당했고, 오늘은 또 칠팔 명
의 이세(伊勢) 참배객 일행에게 팔려 가서 누가 잠자리에 들 것인지
를 제비뽑기로 정하는 꼴을 당했는데, 느낌이 좋은 남자도 있었지
만 하필 천박한 영감쟁이가 당첨되었다. 그런데 이 영감은 손톱이
긴 불결한 손으로 긁거나 양치도 하지 않은 입을 가까이 대고 냄새
나는 버선 때문에 코를 막는 등, 男色을 즐기는 순서도 모른 채 느닷
없이 훈도시를 풀어헤쳤다. 이 모든 것을 돈이 원수라고 생각하고
맘대로 하게 하다가 秘法인 허벅지로 볼일을 마치게 했다. 하룻밤
사이에 나이를 먹은 것처럼 밤새 고생을 했지만, 이런 고생도 결국
자신을 위한 돈벌이는 안 되고 모두 주인의 돈벌이가 된다는 것이
참으로 괴로웠다'라고 서술하고 있다. 이 장면 끝에, 사이카쿠(西鶴)
도 말하고 있듯이, 와카슈(若衆)는 유녀와 다른 입장이긴 해도 불행

---

43 上揭書, pp.526-527.

한 신세라는 점에서는 유녀와 다를 바 없었던 것이어서, 금품을 댓가로 몸을 파는 일이었기 때문에 어느 정도의 고충은 짐작할 수 있지만, 실제로 손님을 상대하는 과정과 몸값에서 얻는 몫의 부당함 등을 볼 때, 그들이 겪는 고통과 비애는 이루 말할 수 없었을 것으로 보인다.

6. 맺음말

일본에서 男色의 역사는 매우 깊고 문화적 특성의 하나로 거론할 수 있을 만큼 다양한 모습으로 전개되어왔는데, 그 양상을 시대의 흐름에 따라 통시적으로 살펴보았다. 처음에 男色의 발생으로부터 男色을 금기시하던 시기를 지나, 사찰을 중심으로 男色이 유행하게 되었고, 그 과정에서 생겨난 지고(稚児)의 신격화 또는 불보살화는 승려의 죄의식을 덜어주는 방편이었을 뿐으로, 서벌턴으로서의 지고(稚児)의 비애를 소멸시켜주는 것은 아니었다. 센고쿠(戦国)시대에는 武將의 男色 대상이었던 고쇼(小姓)가 단순한 性의 도구를 넘어 戰術의 도구로 이용되기도 했음을 확인할 수 있었다. 에도(江戸)시대에 들어서면서 가부키(歌舞伎)의 변화와 함께 와카슈도(若衆道)가 성행하게 되었고, 직업적인 男娼도 발생하게 되었는데, 『난쇼쿠오카가미(男色大鑑)』를 비롯한 문헌을 통해 당시의 男色에 대한 인식과 가게마(陰間)의 비애를 실감하게 된다. 따라서 男色이 일본문화의 하나로 자리매김하게 되는 과정에, 男色의 대상이었던 지고(稚児)나 고쇼(小

姓) 가게마(陰間) 등의 눈물과 비애가 숨어 있음을 알게 되는데, 이들이 서벌턴으로서 겪었던 고통을 간과해서는 안 될 것이다.

금후의 전망을 겸해서 메이지(明治) 이후의 전개를 살펴보면, 서양에서 유입된 문물과 사상, 특히 기독교에서는 男色을 죄악으로 보았던 탓에 일본에서도 점차 男色에 대한 부정적 인식이 커졌다. 이를 반영하듯 메이지(明治)5년(1872)의 「鷄姦律條例」 및 메이지(明治)6년(1873)의 「改定律例」에서 남성 간의 성교를 違法으로 규정하였다가 메이지(明治)13년(1880) 형법에서 이 규정을 삭제하였다. 이후 동성애를 범죄화하는 법률은 제정되지 않았지만, 男色을 터부시하여 일종의 病으로 취급되기도 했다. 앞으로 일본에서 동성애나 동성혼에 대한 인식과 제도가 어떻게 변모해 갈지는, 위에서 살펴본 일본의 男色 문화에 대한 뿌리 깊은 역사와 무관하지 않을 것으로 보이는데, 주변국에서도 서벌턴의 인권 문제와 관련하여 주목해야 할 과제라고 할 수 있을 것이다.

| 참고문헌 |

[한국어논문]

이용미(2011.2)「稚児物語의 미학에 관한 재고-『秋夜長物語』・『あしびき』를 중심으로-」『日語日文學研究』76, 한국일어일문학회, pp.125-138.

[일본어논문]

小島孝之(2014.3)「説話を読み解く-宇治拾遺物語の戦略-」『成城国文学論集』36, 成城国文学会, p.4.

小山聡子(2007.3)「寺院社会における僧侶と稚児-『往生要集』理解を中心として-」『二松学舎大学論集』50, 二松学舎大学, pp.25-26.

濱中修(1991.2)「『秋夜長物語』論-稚児と観音をめぐって-」『沖縄国際大学文学部紀要国文学編』20-1, 沖縄国際大学文学部, pp.43-67.

平松隆円(2007.3)「日本仏教における僧と稚児の男色」『国際日本文化センター紀要』34, 国際日本文化センター, pp.89-130. p.110.

[사전류]

乾克己 외(1986)『日本伝奇伝説大事典』, 角川書店, p.592.p.593.

国史大辞典編集委員会編(1979)『国史大辞典1』, 吉川弘文館, p.210.

_____(1979)『国史大辞典9』, 吉川弘文館 p.401.

高柳光寿 외(1986)『日本史辞典』, 角川書店, p.421.p.878.

日本古典文学大辞典編集委員会(1984)『日本古典文学大辞典 第二巻』, 岩波書店, p.370.

日本大辞典刊行会編(1975)『日本国語大辞典1』, 小学館, p.91.p.837.p.884.

_____(1975)『日本国語大辞典3』, 小学館, p.364.

_____(1975)『日本国語大辞典7』, 小学館, p.348.

_____(1975)『日本国語大辞典8』, 小学館, p.381.

[텍스트 및 저서]

安藤優一郎(2019)『江戸文化から見る男娼と男色の歴史』, カンゼン, p.3・p.90・p.92・p.157.

石田瑞麿 校注(1979)『源信』(日本思想大系6), 岩波書店, p.326.

片桐洋一(1999)『竹取物語 伊勢物語 大和物語 平中物語』(新編日本古典文学全集), 小学館, p.18.

神田秀夫 외(1971)『方丈記 徒然草 正方眼蔵随聞記 歎異抄』(日本古典文学全集), 小学館, p.136.

小林智昭(1986)『宇治拾遺物語』(日本古典文学全集), 小学館, p.73-74.

坂本太郎 외(1967)『日本書紀 上』(日本古典文学大系), 岩波書店, pp.345-347・p.565.

暉峻康隆 외(2000)『井原西鶴集② 西鶴諸国ばなし 本朝二十不孝 男色大鑑』(新編日本古典文学全集), 小学館, p.291・pp.295-301・pp.526-527.

德田武(1999)『近世説美少年録①』(新編日本古典文学全集), 小学館, p.388・p.491.

西尾光一 외(1983)『古今著聞集 上』(新潮日本古典集成), 新潮社, p.387.

松尾聡 외(1999)『枕草子』(新編日本古典文学全集), 小学館, p.58.

馬淵和夫 외(1983)『今昔物語集(4)』(日本古典文学全集), 小学館, p.107.

[인터넷자료]

江戸芳町の男色と川柳ー仰陽記

(https://muchasgracias908.blog.fc2.com/blog-entry-54.html)

전근대 일본 사회의 '장해자' 인식에 관한 고찰

서벌턴으로서의 '장해자'의 표상과
'극복' '승화'를 중심으로

이 권 희

1. 머리말

본고는 일본 전근대 사회의 '장해(障害)'와 '장해자(障害者)'에 대한
표상 분석을 통해 근대 이전 일본인들이 '장해'와 '장해자'를 어떻
게 인식하고, 이를 어떠한 방식으로 극복하고 승화시켰는지를 고
찰하는 데 목적이 있다.[1] 구체적으로는 장해자의 정의에서 시작하

---

1 한국에서는 장애(障礙), 장애인(障礙人)라는 용어를 쓰고, 일본에서는 장해(障
   害), 장해자(障害者)라는 용어를 사용하고 있다. 용어에 대한 정의는 다음 장에
   서 자세히 다루고 있다. 본고에서는 일본의 경우를 분석과 고찰의 대상으로 삼
   고 있는 바 일본의 용어 규정에 따라 장해(障害), 장해자(障害者)라는 용어를 사
   용함을 미리 밝혀둔다.

여 여러 문헌에 등장하는 장해와 장해자의 표상을 통시적으로 살펴보고, 시대별 장해자의 표상을 분석하여 전근대 일본 사회의 서벌턴으로서의 장해자에 대한 인식과 이를 극복하고 승화해 나가는 일본인들의 방법에 대해 고찰해 보고자 하는 것이다. 따라서 본고는 일본 장해자 역사의 실증적 연구가 아님을 미리 밝힌다.

장해자는 시대와 지역을 막론하고 차별과 편견 속에서 공동체로부터 배제되는 존재였다.[2] 에도 시대 때 '겐교(檢校) 제도'를 통해 극히 일부의 장해자가 특별한 대우를 받은 적은 있으나 문헌을 통해 확인할 수 있는 일본 역사 속 장해자는 태어나자마자 대부분 버려지거나 구걸을 하면서 목숨을 연명하거나, 또는 일반인들의 구경거리(見世物)가 되는 등 비참한 삶을 살았다. 심지어 '마비키(間引き)'라는 풍속에 따라 장해를 가지고 태어난 간난 아기는 산파(産婆)에 의해 죽임을 당하는 경우도 허다했다.[3]

종래 일본 역사 속 장해·장해자에 대한 연구는 각각의 시대별 장해자의 인식과 특정 직능에 종사하는 장해인들의 삶의 형태에 주안점을 맞추어 왔다. 나마세 가쓰미(生瀨克己)의 연구가 대표적으로, 나마세는 다양한 선행연구를 망라하며 전근대와 현대에 이르기까지 '인간'과 '사회'라는 막연한 발상을 가지고 시대별 장해자

---

2 新村拓(1989)『死と病と看護の社会史』, 法政大学出版局, p.75.
3 장해아가 태어나면 산파의 손으로 '마비키(間引き)'를 해 살해하고 산모에게는 사산(死産)이었다고 거짓말을 했다고 한다. '마비키'는 아이가 태어났을 때 가난이나 그 밖의 이유로 아이를 키우기 어려울 때 갓난아이를 죽이는 행위를 말한다. 나라 시대부터 있었던 습속이라고 한다.『百科事典マイペディア』
(https://kotobank.jp/word/%E9%96%93%E5%BC%95%E3%81%8D-635570
(검색일: 5월 1일)

관을 망라하고 있으나 각각의 시대를 관통하는 특정한 방법론을 찾아볼 수 없고, 따라서 전체를 관통하는 주제가 없다.[4] 반면, 고노 가쓰유키(河野勝行)는 『고사기(古事記)』 『일본서기(日本書紀)』의 히루코 전승을 정밀하게 분석을 하고 있으나 장해자에 대한 연구라기보다는 오히려 히루코 전승 연구에 가깝다.[5] 이에 다양한 선행연구를 참조하면서도 장해자를 서벌턴으로 규정하고, 장해의 극복과 승화의 방법에 초점을 맞추고 있는 본 연구는 선행연구와 차별되는 방법과 결과를 도출하고 있다.

서벌턴을 사회적·정치적·문화적으로 소외된 사람들, 지배집단에 예속되어 있는 종속계급, 하위주체라고 정의할 때, 장해를 안고 태어나 불행한 삶을 살아갔던 일본의 전근대 시대의 장해자는 인간의 존엄성이라는 측면에서 그야말로 '말할 수 없는' 소수자, 약자를 대표하는 서벌턴적 존재라고 할 수 있다. 이른바 '말할 수 없는' 사회적 약자로 살아갈 수밖에 없었던 전근대 일본 사회의 장해자의 인식과 표상을 분석하고, 이들의 사회·문화적 주체로의 전환의 가능성과 한계에 대한 분석·고찰을 목적으로 하는 본고의 시도가 일본 사회의 서벌턴 연구에 제한적이지만 유의미한 방법론을 제시할 수 있기를 기대한다.

4　生瀬克己(1991)『障害者問題入門』, 海防出版社.
5　河野勝行(1973)「障害者差別の成立と階級支配－古事記・日本書紀の蛭児『神話』の批判的検討を通して－」『障害者問題研究』第1号, 全国障害者問題研究会.

2. '장애인(障礙人)'과 '장해자(障害者)'

'장애(障礙)' 혹은 '장해(障害)', '장애인' 혹은 '장해자'라는 용어의
정리부터 명확히 할 필요가 있겠다. 한일 양국에서 이 용어에 대한
인식의 차이가 있기 때문이다. 먼저 한국의 경우는 다음과 같이 '장
애(障礙)'와 '장해(障害)'를 구별하고 있다.

먼저 장애[障礙, handicap, disability]는 "심리적, 정신적, 지적, 인지적,
발달적 혹은 감각적으로 신체적 기능이나 구조에 문제가 있어, 활
동을 하는 데 한계가 있거나 삶을 사는 데 방해가 되는 요소들을 통
합적으로 지칭한다."(두산백과) 또한 "세계보건기구(WHO)의 장애 분
류 안에 의하면 장애는 세 개의 차원으로 분류된다. 제1차 장애는
impairment로 신체의 생리학적 결손 내지는 손상이다. 제2차 장애
는 disability로 제1차 장애(impairment)가 직접, 간접적인 원인이 되
어 심리적 문제가 직접 간접적 발생할 경우의 인간적 능력(주체적 행
동개념)이 약화 또는 손실된 상태이다. 제3차 장애는 handicap으로
제1차 장애와 제2차 장애가 통합된 형태에 다시 사회 환경적 장애
(물리적 장애, 문화적 장애, 사회 심리적 장애)가 통합된 형태로 사회적 불리
이다. 즉 모든 장애요인이 중층적으로 통합되어 사회적으로 정상
적인 생활을 할 수 없는 불리한 입장에 처한 상태이다."(사회복지학사
전)라고 정의할 수 있다.

그리고 장해[障害, injury]는 "업무상의 사유에 의해 부상을 당하거
나 질병에 걸려 치유된 후에도 신체 등에 영구적으로 남게 되는 노
동력 상실이나 감소 상태를 말하며, 치유(治癒)란 부상 또는 질병이

완치되거나 부상 또는 질병에 대한 치료의 효과를 더 이상 기대할 수 없게 된 그 증상이 고정된 상태에 이르게 된 것"(산업안전대사전) 혹은 "부상 또는 질병이 존재하더라도 치료에 의해서 더 이상의 효과를 거둘 수 없는 상태에서 남아 있는 정신적·육체적인 훼손 상태를 말한다."(실무노동용어사전)

이에 비해 일본의 경우는 일반적으로 장애와 장해의 특별한 구별이 없다. 사전적 의미로는 한자로 '장해(障害)'와 '장애(障碍(礙))'를 구별하고는 있으나 이를 읽을 때는 모두 '쇼가이(しょうがい)'라 음독을 하니 실질적으로 '장해'와 '장애'의 구별은 없는 것과 마찬가지다. 사전에 의하면 '해(害)'는 그 자체가 악, 재앙, '애(碍)'는 방해, 장벽의 뜻으로 의미에 구별이 명확하다. 어찌 보면 한국에서의 정의와는 정반대이다.

좀 더 구체적으로 일본의 국어사전이나 한화(漢和)사전에서 '해', '애', '장해', '장애'의 뜻을 살펴보면, '해'는 1. '해치다(것)', '상처를 입히다(것)', '나쁘게 만들다(것), 나쁜 상태로 만들다(것)'라는 등, 능동적으로 미치는 나쁜 영향을 나타낸다. 궁극적으로는 "죽인다"(일본국어대사전·일본어대사전·한어림), "생명을 도중에 끊다"(大辞泉)라는 뜻도 있다. 즉 '해'는 재앙, 방해, 재난, 방해, 방해하는 것이라 정의할 수 있는 반면, '애(碍)'는 사전마다 공통적으로 방해의 의미로, "돌 등에 가려, 나아갈 수 없는 것을 말한다"(字通), "돌을 앞에 두고 사람들이 가로막는 모습에서 장애물을 나타내는 것"(漢語林)이라 하고 있다. 그러므로 '애'는 장애(장벽)의 의미와 함께 그 원천의 의미가 바로 '장벽에 직면하는 것'이라 할 수 있다. 그러므로 한국과는 반대의 의미를 갖는다.

한편 일본 내각부에서는 2009년 장해자(障害者) 제도의 집중적인 개혁을 실시하기 위해 '쇼가이샤(障がい者)제도 개혁추진본부'를 설치하고 본부 내에서 '「障害」 표기에 관한 작업팀'을 발족하여 조사 등을 통해 2010년 11월 22일 '「障害」의 표기에 관한 검토 결과에 대해서'라는 보고서를 발표했다.[6] 모두 16쪽에 이르는 이 보고서의 제2의 3 '장해의 표기에 관한 생각의 정리(「障害」の表記に関する考え方の整理)'에 따르면, '장해'는 '해(害)'자를 사용한 '障害'라는 한자 표기 외에 '해(害)'를 히라가나로 표기한 '障がい', 거기에 주로 메이지 시대부터 쓰이기 시작한 '障碍' 등 여러 가지 표기를 혼용하고 있던 것이 1945년 이후 주로 '障害'라 표기하게 되었는데, 그 이유 중 하나로 '害'가 상용한자인 것을 들고 있다. 그리고 각각의 표기의 장단점, '요지원자(要支援者)'라는 현대의 새로운 표기도 소개하고 있다.[7]

'障碍'는 메이지 시대 전까지 '쇼게(しょうげ)'로 읽혔으며 원래는 불교 용어였다. 메이지 이후에 '쇼가이(しょうがい)'라고 읽히는 예가 나타났는데, 전후 '당용한자표'나 '법령용어개정예(法令用語改定例)' 같은 것에서 '障害'를 채택한 결과 '障碍' 표기가 줄어들게 되었다고 한다. 그리고 현재 '쇼가이'의 표기는 '障がい'로 '害'나 '碍'라는 한자를 표기하지 않고 히라가나를 섞어 표기하는 것이 관례가 되었다. '害'라는 한자가 '공해'나 '위해를 준다'라는 부정적인 이미지

---

6   보고서의 전문은 일본 내각부 홈페이지에서 열람할 수 있다.
    https://www8.cao.go.jp/shougai/suishin/kaikaku/s_kaigi/k_26/pdf/s2.pdf
7   위의 보고서, p.9.

가 있는 것에서 일부 지방자치단체나 기업이 '障がい'라고 표기한 것에서 유래하였다고 하는데, 이 표기에 대해서도 찬반 양론으로 갈리고 있다. 참고로 국가의 정식 견해는 나와 있지 않지만, 정부가 발행하는 서류 등에서는 상용한자인 '害'를 사용한 '障害'를 사용하고 있다.

또한 문부성에서 발행한 '장해자기본법(障害者基本法)'의 발본 개정을 염두에 둔 자료에 '障害의 표기'라고 하는 항목에서는 "앞으로도, 학식 경험자 등의 의견을 청취함과 동시에, 국민 각층에서의 논의의 동향을 지켜보면서, 각각의 생각을 정리하는 등, 계속 심의를 실시한다."라고 하여 명확한 정의를 내리고 있지는 않다. 하지만 자료에서는 처음부터 끝까지 '障害'라는 한자 표기가 사용되고 있다.[8]

반면, 고대 일본의 양로령(養老令)의 호령(戸令)에는 일본 고대 시대의 장해자를 장해의 정도에 따라 경도(輕度) 장해자인 '젠시치(殘疾)', 중도(中度) 장해자인 '하이시치(癈疾)', 중도(重度) 장해자인 '도쿠시치(篤疾)'의 3단계로 구분하고 있다.[9]

---

8 '장해자기본법'에서 정의하는 장해자(障害者)는 "신체장해, 지적장해, 정신장해(발달장해를 포함) 및 기타 심신 기능의 장해(이하 '장해(障害)라고 총칭한다.)가 있는 자로, 장해 및 사회적 장벽에 의해 계속적으로 일상생활 또는 사회생활에 상당한 제한을 받는 상태에 있는 자를 말한다."라고 정의하고 있다. 1970년 법률 제84호 장해자기본법(障害者基本法) (정의) 제2조 1항 (障害者 身体障害、知的障害、精神障害(発達障害を含む。)その他の心身の機能の障害(以下「障害」と総称する)がある者であつて、障害及び社会的障壁により継続的に日常生活又は社会生活に相当な制限を受ける状態にあるものをいう。
(e-GOV 法令検索 https://elaws.e-gov.go.jp/document?lawid=345AC1000000084 검색일: 2022.5.1.)
9 718년(養老2)에 제정된 율령정치의 기본법으로 율(律)과 령(令) 각 10권. 후지

　무릇 눈이 하나 보이질 않거나, 귀가 둘 다 들리지 않거나, 손가락
이 두 개 없거나, 발가락이 세 개 없거나, 손발에 엄지손가락, 엄지발
가락이 없거나, 병으로 머리에 종기가 생겨 머리가 빠지거나, 치질이
심해 항문에서 고름이 계속해서 나오거나, 음낭수종(陰囊水腫)의 상태
이거나, 턱이나 다리에 커다란 종양이 있거나 하는 종류는 모두 젠시
치(残疾)라고 한다. 다음으로 중도의 정신발달지체, 언어장애, 소인증,
요배부(腰背部)의 골절 내지 척수손상 등에 의한 마비 증상이 있다거
나, 팔다리가 하나 결손 혹은 쓰지 못하거나 하는 종류를 모두 하이시
치(廢疾)라고 한다. 또한 한센병, 간질 혹은 정신이상, 양팔이나 양다리
가 없거나 쓰질 못하거나, 두 눈이 안 보이거나 하는 종류를 모두 도쿠
시치(篤疾)라고 한다.[10]

　율령제도의 장해등급의 인정은 조정에서 각지에 파견한 의사에
의해 이루어졌는데, 젠시치가 두 개 이상 있을 때는 하이시치로, 하
이시치가 두 개 이상 있을 때는 도쿠시치로 인정했다.[11]

　와라 후히토(藤原不比等)가 중심이 되어 701년 만들어진 대보율령(大宝律令)을
수정, 편찬한 것으로 그 내용은 큰 차이가 없다고 한다. 757년 후히토에 의해서
시행되었다. 시행 이후 국가의 기본법으로 헤이안 시대 중기까지 시행되었다.
양로율은 거의 소실되었으나 령은 대부분 현존하고 있다. 『律令』(日本思想大系
1876)에 수록되어 있다.
10　凡そ一つの目盲、両つの耳聾、手に二つの指無く、足に三つの指無く、手足に大き
なる拇指無く、禿は瘡にして髪無く、久漏、下重、大癭口、此の如き類は、皆残疾
と為よ。癲、口、侏儒、腰背折れたらむ、一つの支癈れたらむ、此の如き類をば、
皆癈疾と為よ。悪疾、癲狂、二つの支癈れたらむ、両つの目盲らむ、此の如き類を
ば、皆篤疾と為よ。『律令 日本思想大系 3』岩波書店, 1876, p.227. 한국어 역은 필자.
11　山崎佐(1953)『江戸期前日本醫事法制の研究』, 中外医学社, p.117.

3. 전근대 일본 사회의 장해자 표상과 인식

일본 역사상 장해자가 처음 등장하는 건 일본 최고(最古)의 역사서
『고사기』(712), 『일본서기』(720)이다.[12] 이 두 역사서의 신화 부분에
는 이자나기(伊耶那岐命), 이자나미(伊耶那美命)[13]라는 부부신이 결합을
하여 일본의 국토와 신을 낳는다는 이야기가 있는데, 두 신 사이에
서 태어난 첫 신인 히루코(水蛭子)가 장해를 가지고 태어난다.

> (전략) 그러자 이자나기는, "그렇다면 우리 둘이 서로 이 기둥을
> 돌면서 만나 결혼을 하기로 하자." 라고 말하였다. 이 같이 약속을
> 한 다음, 곧 이자나기가 말하기를, "너는 오른쪽으로 돌아서 만나
> 고, 나는 왼쪽으로 돌아서 만나기로 하자."라고 했다. 이렇게 약속을
> 한 후, 그 기둥을 돌 때 이자나미가 먼저 "정말 잘생긴 남자이구나!"
> 라고 말을 했다. 그리고 나중에 이자나기도, "정말 사랑스럽고 어여
> 쁜 여자이구나!" 하는 말을 했다. 이와 같이 서로의 말을 마친 후 이
> 자나기가 여신에게 말하기를, "여자가 먼저 말을 하는 것은 좋지
> 않았다."하였다. 그래서 두 신은 결혼을 하여 낳은 자식이 히루코
> 였다. 이 아이는 갈대로 만든 배에 태워 떠내려 버리고 말았다. 그 다
> 음에는 아와시마라는 섬을 낳았다. 이 아이 또한 자식의 수에는 넣

---

12 고사기 · 일본서기는 일본에서 가장 오래된 역사서이나 그 안에 수록되어 있는
   신화나 가요, 그리고 설화, 전설 등에 일본 문학의 원류라 여겨지고 있어 종종
   고대 문학 연구의 텍스트로 사용하고 있다.
13 고사기, 일본서기의 신명, 인명, 지명의 한자 표기는 각각 다르지만 본고에서는
   고사기의 한자 표기에 따른다.

지 않았다.[14]

히루코와 관련된 이야기는『고사기』에는 위에서 볼 수 있듯이 "여자가 먼저 말을 하는 것은 좋지 않았다.", "두 신은 결혼을 하여 낳은 자식이 히루코였다.[15] 이 아이는 갈대로 만든 배에 태워 떠내려 버리고 말았다."라고 간단히 기술되어 있을 뿐이다. 여자가 먼저 말을 한 것이 좋지 않았다고 하지만 그것이 어떠한 결과를 초래했는지, 왜 갈대로 만든 배에 태워 바다에 흘려보냈고, 자식으로 치지 않았는지에 대한 설명이 전혀 없다. 반면,『일본서기』의 본문과 일서(一書)에는 세 살이 될 때까지 몸이 흐느적거리는 상태로 설 수가 없었기 때문에 히루코라 불렸으며, 갈대로 만든 배에 실려 바다로 흘려보내면서 역사에서 사라지는 이유와 경위가 분명히 기술되어 있다. 일본 신화시대에 이미 장해자는 좋지 않는 것으로 보는 시대 의식이 성립하고 있었던 것을 보여주는 것이다.[16] 이자나기・이자나미가 낳은 최초의 신은 양로령(養老令)이 정하고 있는 장해자의 분류에 따르면 도쿠시치에 해당하는 중도(重度)의 장해자였던 셈이다.

이 밖에도 고사기, 일본서기의 신화에는 스쿠나비코나노미코토[17]라든지, 구에비코[18]라든가 하는 난쟁이나 보행 불능자를 연상

---

14 고사기의 한국어 역은 노성환(2009)『고사기』(민속원)에 따른다.
15 '히루'는 거머리를 말한다.
16 生瀨克己(1991)『障害者問題入門』, 解放出版社, p.73.
17 고사기에서는 少名毘古那神, 日本書紀에서는 少彦名命. 고사기에서는 가미무스비노카미의 아들로 여겨지며, 일본서기에서는 타카미무스비노카미의 아들로

케 하는 신이 등장한다.

한편 오호쿠니누시가 이즈모노 미호 곶에 있었을 때, 파도 위에서 카가미의 배를 타고, 나방의 껍질을 송두리째 벗겨 이것으로 옷을 만들어 입고 다가오는 신이 있었다. 그리하여 오호쿠니누시는 그 이름을 물어보았지만 대답을 하지 않았다. 그리하여 거느리고 있던 여러 신에게 물어 보았으나 모두 '모른다'고 했다. 그러나 두꺼비가 말하기를, "이 문제는 쿠에비코가 틀림없이 알고 있을 것입니다." 라고 하였다. 그리하여 쿠에비코를 불러 물어보았을 때, 그가 대답하기를, "저 신은 간무스히의 아들인 스쿠나비코나입니다."라 하였다. (중략) 그리하여 그 후 오호아나무지와 스쿠나비코나는 서로 협력하여 이 나라를 만드는 데 힘을 썼다. 얼마 후 스쿠나비코나는 토코요노쿠니로 건너가고 말았다. 그런데, 그 스쿠나비코나의 신을 밝혀낸 이른바 쿠에

여겨지고 있다. 고사기에 의하면, 스쿠나비코나는 오쿠니누시가 나라를 만들 때, 天乃羅摩船(아마노카가미노후네) 타고, 鵝(아, 히무시, 거위 가죽)로 만든 기모노를 입고 바다 저편에서 건너와 가미무스비노카미의 명에 의해 의형제가 되어 나라 만들기에 참가했다. 일본서기에도 같은 내용이 있다. (일본서기, 8단 1서6). 후에 도코요노쿠니로 건너간다. 스쿠나비코나의 이름의 유래에 대해서는 「고사기전」에 의하면 "스쿠나는 단지 오나무치의 오나와 짝이기 때문"이라고 되어 있는데 이 신은 반드시 오나무치와 행동을 같이함으로써 두 신의 관계가 오래 전부터 이야기되고 있다. 西鄕信綱『古事記注釋』제1권.

18 오쿠니누시(大國主神)의 이즈모(出雲)에서의 건국 신화에 등장한다. 고사기에 따르면 오쿠니大國主神 밑으로 바다 건너에서 작은 신이 왔는데 이름을 물어도 대답하지 않아 아무도 이 신의 이름을 알지 못했다. 그러자 두꺼비 다니구쿠(多邇具久)가 "구에비코라면 분명 알고 있을 것이다"라고 하며 구에비코 불러 물으니 "그 신은 가미무스비노카미의 아들인 스쿠나비코나노카미다"라고 대답하였다고 전한다. 신명 '구에비코'는 '崩え彦', 즉 몸이 무너진 남자의 뜻으로 비바람을 맞아 썩은 허수아비를 표현한 것이라 하는데 어떤 장해를 갖고 있음을 표현한 것이라 여겨진다.

비코는 오늘날에는 산의 밭에 서 있는 소호도라는 허수아비를 말한다. 이 신은 걸어다닐 수는 없으나, 이 세상에 곤란한 일이면 무엇이든 전부 잘 알고 있는 신이다.[19]

스쿠나비코나는 고사기에서는 '少名毘古那神', 일본서기에서는 '少彦名命'라 표기하고 있는데, 고사기에서는 가미무스비노카미(神産巣日神)의 아들로 여겨지며, 일본서기에서는 타카미무스비노카미(高皇産霊神)의 아들로 여겨지고 있다. 고사기에 의하면 스쿠나비코나는 오쿠니누시노카미(大國主神)가 나라를 만들 때 아마노카가미노후네(天乃羅摩船)를 타고, 거위 가죽으로 만든 기모노를 입고 바다 저편에서 건너와 가미무스비노카미의 명에 의해 오쿠니누시와 의형제가 되어 나라 만들기에 참가하는 신으로 묘사되고 있다. 그러고난 후에는 도코요노쿠니(常世國)로 건너나 자취를 감춘다.

스쿠나비코나라는 이름의 유래에 대해서는 고사기전(古事記傳)에 의하면 "스쿠나는 단지 오나무치의 오나와 짝이기 때문"이라고 되어 있는데,[20] 이 신은 반드시 오나무치와 행동을 같이함으로써 두 신의 특별한 관계가 오래전부터 이야기되고 있다.

구에비코는 '崩え彦', 즉 몸이 무너진, 보행이 불가능한 남자의 뜻으로 비바람을 맞아 썩은 허수아비를 표현한 것이라고도 하는데, 이는 어떤 장해를 갖고 있음을 표현한 것이라 여겨진다. 일본

---

19 노성환(2009)『고사기』, 민속원, pp.81-83.
20 本居宣長『古事記伝』, 十二之巻(『本居宣長全集』第十巻, 筑摩書房, 1968, p.6). 오나무치(大穴牟遅)는 大国主神의 별칭.

신화에 등장하는 스쿠나비코나나 구에비코는 이름이나 묘사를 통해 소인증(小人症)이나 기타 신체의 장애를 가진 신이라 여겨지며, 모두 신체에 장해가 있음에도 불구하고 뛰어난 두뇌의 소유자로 활약하고 있다.

『니혼료이키(日本靈異記)』에는 교기(行基)라는 스님에 얽힌 이야기가 등장하는데 그중 하나에 장해아에 대한 이야기가 나온다.[21] 나라(奈良)의 도다이지(東大寺)를 건립할 때 교기가 후원금을 모으기 위해 미나미카와치(南河內, 지금의 오사카)에서 선착장을 만들며 설법을 하고 사람들을 교화하고 있던 참에 한 여인이 10세가 되도록 걷지 못하는 장해아를 데리고 설법을 들으러 왔다. 아이는 쉬지 않고 젖과 음식을 먹으면서 울기만 했다. 교기는 어머니에게 아이를 강에 내다 버리라고 했다. 사람들은 자비로운 스님께서 어찌 저런 무자비한 말을 하는지 수군거렸고, 아이 엄마는 자식을 버리지 못하고 고민하지만 다음날 또 같은 일이 반복되자 사람들은 짜증을 내기 시작했고 교기는 다시금 아이를 버리라고 했다. 이에 여인은 너무 시끄러운 나머지 아이를 강에 버리고 만다. 강물에 버려진 아이는 마귀로 모습을 바꾸고 3년간 너에게 음식을 뺏어 먹으려 했다고 분해하면서 떠내려갔다. 여인이 교기에게 자초지정을 이야기하자, 전생에 여인이 물건을 빌려 갚지 않아 물건을 빌려준 자가 현세에 아이로 태어나 빌려준 부채를 먹는 것으로 돌려받으려고 했다는 것이다.

---

21 『日本靈異記』中卷、第三十「行基大德、子を携ふる女人の過去の怨を視て、淵に投げしめ、異しき表を示しし縁」(『日本靈異記』 日本古典文學全集, 小學館, 1975, pp.225-227)

이야기의 핵심은 물론 남에게 빌린 건 그것이 돈이든 소금이든 반드시 갚아야 한다는 교훈담이지만, 우리는 이 설화를 통해 당시 장해아=마귀라는 인식과 함께, 장해아는 강물에 버려진다는 것, 심지어 자비로운 승려조차 장애아를 돌보지 않고 차별했었다는 것을 추측해볼 수 있다.

헤이안 시대의 사네야스(人康) 친왕(親王)(831-872)은 닌묘(仁明) 천황의 네 번째 황자로 태어났다. 어려서부터 병약하고 황위 계승과는 거리가 먼 서열인데다 점점 약해지는 시력에 시가(詩歌)와 비파 가락 등 관현악기 연주에 마음을 달래고 위로를 받았다고 한다. 859년 출가 무렵에는 거의 실명 상태였다고 한다. 헤이안 시대의 황족은 출가를 해도 광활한 영지가 있었기 때문에 생활에 어려움은 없었으며 오히려 자신과 같은 처지의 눈이 불편한 사람들에게 비파 연주를 가르쳐 주었다. 사네야스 친왕은 에도 시대에는 자토(座頭)・비파 법사 등의 조상으로 모셔져, 당시 검교 자리에 있는 비파법사가 매년 모여 비파를 연주하여 친왕의 넋을 위로하였다. 또한 친왕은 『이세모노가타리(伊勢物語)』에 등장하는 시나노(山科)의 선사(禪師)라 알려져 있고,[22] 또한 헤이안 시대의 가인(歌人)이자 비파의 명인으로 유명한 맹인 세미마루(蟬丸)가 사네야스 친왕이 아닐까 하는 설도 있다.[23]

---

22 志茂田景樹(1989)「人康親王－琵琶法師の祖」『歴史読本』1989年4月号, 新人物往来社.

23 兵藤裕巳(2009)『琵琶法師 <異界>を語る人びと』, 岩波新書, pp.104-108. 헤이안 시대 세미마루 전승에 대해서는 김영주 (2020・10)「세미마루 전승 고찰: 장애에 대한 사회의식을 중심으로」(『비교문학』 제82집, 한국비교문학학회)에서

가마쿠라(鎌倉) 정권을 수립한 겐지(源氏)에 의해 멸망한 헤이지(平氏) 일족의 화려한 흥망성쇠를 장려한 문학 작품으로 정리한 것이『헤이케모노가타리(平家物語)』이다. 원래 이 이야기는 읽히기보다는 헤이쿄쿠(平曲)라 하여 비파를 반주로 곡절(리듬)을 붙여 이야기를 들려주는 형식으로, 중세 시대에는 일반 서민들에게까지 널리 사랑을 받는 일종의 예능이 되었다. 그 이야기꾼들이 바로 맹인인 비파법사들이었다. 그리고 이 이야기를 현재의 형태로 정리한 것이 비파법사 중 한 명으로 명인으로 일컬어진 아카시 가쿠이치(明石覚一)이다. 무로마치 정권의 창시자인 아시카가 다카시 씨의 사촌이라고도 전해지는 가쿠이치는 비파 법사들이나 넓게 맹인들의 사회적 지위 향상을 목표로, 검교제도(맹인 특유의 길드 제도)를 제정한다. 중세 시대는 천황 가문을 비롯하여 귀족은 물론, 일반 서민도 항상 생명의 위험에 노출되어 살기 힘든 세상이었기 때문에, 행동이 자유롭지 못한 장애인들은 더욱 살기 힘든 세상이었다.

천하를 통일하고 전국에 일단 종지부를 찍은 도요토미 히데요시(豊臣秀吉)의 군사(軍司)였던 다케나카 한베(竹中半兵衛)는 히데요시를 섬겼을 때 이미 결핵에 걸린 장해자였고, 다케다 신겐(武田信玄)의 군사 야마모토 간스케(山本勘助)는 한쪽 눈이 불구인데다 다리까지 저는 장해자로 유명하다.[24] 또한 히데요시를 섬기며 호쿠리쿠(北陸)의 다

___

자세히 다루고 있음으로 참고 바람.
24 야마모토 간스케는 전국 시대 무장 중에서는 국내에서 그리 알려져 있지 않지만, 일본에서는 그의 일대기를 2007년 1월 7일부터 12월 16일까지 방영된 NHK 대하드라마 <風林火山>에서 다루기도 하였다. 이노우에 야스시(井上靖)의 동명 소설을 드라마화 했다.

이묘까지 된 오타니 요시쓰구(大谷吉継)는 한센병에 걸려 거의 두 눈이 보이지 않는 상태에서도 세키가하라 전투에서 끝까지 도요토미군에서 이시다 미쓰나리(石田三成)를 도와 활약했던 것으로 유명하다. 그러나 이렇게 활약할 수 있었던 장해자는 물론 예외적인 존재였고, 일반 장애인들은 잘해야 '구구쓰(傀儡)'[25] 무리에 속해 유랑을 하며 일생을 보냈을 것이라 짐작된다.

비파법사(琵琶法師)들이 한 명 또는 몇 명의 맹인만으로 행동했던 것에 비해, 구구쓰는 장애인의 집단이라기 보다는 장애인도 가담했었던 예능 집단이었다. 많은 경우 20명에서 30명 또는 더 많은 인원이 각지를 이동하면서 생계를 꾸려나갔다. '구구쓰'는 '꼭두각시'라는 의미를 가지고 있는데, 인형 조종사뿐만 아니라 곡예사와 마술사, 무희, 비파나 피리와 북 등의 연주가들을 포함한 예능 집단이었던 것 같다. 쿠루병, 카리에스, 맹인 등의 장애인들이 그 안에서 연주나 어릿광대 역할을 하기도 했다.

중세 시대 무사들이 특히 즐기던 교겐(狂言)의 레퍼토리 중 하나인 '가와카미(川上)'에는 맹인의 이야기가 보인다. 요시노 마을에 사는 장님인 남자가 가와카미라고 하는 곳의 영험한 지장보살을 찾아가 불공을 들이며 눈이 뜨이기를 바랐다. 지장당에 들어가 밤을 보내던 날 밤, 남자는 영몽(靈夢)을 받고 눈이 보이게 된다. 소원을 이룬

---

25 傀儡師라고도 쓰고 구구쓰마와시 또는 가이라이시라고도 한다. 꼭두각시를 가리키기도 한다. 헤이안 말기, 오에 마사후사(大江匡房)의 『傀儡子記』에 따르면, 그들은 집단으로 각지를 떠돌고, 남자는 사냥을 하며, 인형 조정, 곡예, 환술 등을 연기하고, 여자는 노래를 부르고, 매춘도 하였다. 에도 시대까지 대도예(大道藝)로서 존속했다.

남자는 너무 기뻐하며 지팡이를 버리고 귀가했고 아내도 검고 멋진 눈이 되었다고 기뻐한다. 그런데 눈을 뜨게 하는 데는 조건이 있었는데, 그것은 아내와는 악연이기 때문에 헤어져야 한다는 것이었다. 그 말을 듣고 화가 난 아내는 지장보살에게 욕을 해대며 절대 헤어지지 않겠다고 한다. 결국 남편도 납득을 하고 두 사람은 함께 돌아오지만, 길을 가는 도중에 남편의 눈은 다시 보이지 않게 된다. 두 사람은 함께 앉아 울었는데 이것도 전생의 인연이라 생각하고 한탄하지 말자고 노래하며 손을 맞잡고 돌아간다는 이야기다. 노가쿠(能樂)·교겐(狂言)에는 특히 맹인이 많이 등장한다.

에도 시대는 무사뿐만 아니라 에도와 오사카의 상인들을 비롯한 서민들에게도 학문을 할 수 있는 환경이 만들어진다. 국학자이면서 일본에서는 보기 드문 괴기소설 작자로 유명한 우에다 아키나리(上田秋成)는 어릴 적 앓았던 천연두로 인해 손가락에 평생 낫지 않는 장애를 가지고 있었다고 한다. 또한 안마·침, 뜸 등 의학적인 면에서 맹인의 직업을 연 스기야마(杉山) 겐교(檢校), 거문고의 명인으로서 비파를 대신하는 음악을 보급하고, 그 연주와 지도를 맹인의 직업으로서 확립해 나간 야쓰하시(八橋) 검교, 역사학자로서 당시의 제일인자가 된 하나와 호키이치(塙保己一) 등은 특히 유명하다.

또한 도쿠가와 일족의 9대 이에시게(家重)와 13대 이에사다(家定) 두 명은 지체장애, 뇌성마비 증상이 있었다고 한다. 특히 이에사다는 미국의 초대 주일 공사인 타운젠트 해리스의『일본체재기(日本滯在記)』(『日本日記』『日本在日記』라고도 함)에 그 모습이 상세하게 기록되어 있다. NHK 대하드라마 '아쓰히메(篤姬)'에서 아쓰히메를 정실로 받아들인 것으로 유명한 이에사다가 제13대 장군이 된 것은 미국의 동아시아함대 사령관 페리가 4척의 이른바 '흑선'을 이끌고 우라가(浦賀) 앞바다에 나타나 막부에 개항을 요구하는 미국 대통령의 친서를 전달한 1853년이다. 그리고 이듬해 미일화친조약 체결 이후에 초대 주일공사로 부임한 타운젠트 해리스가 기록한 『일본체재기』에는 해리스가 부임 인사차 13대 장군 도쿠가와 이에사다를 알현했을 당시의 기록이 남아 있다.

해리스가 이에사다에게 인사를 한 후 이에사다는 "먼 나라에서 사절로 하여금 보내온 서한에 만족한다. 마찬가지로 사절의 말에도 만족한다. 양국의 교제는 영원히 계속될 것이다." 라고 답했다고 한다. 이때 이에사다는 바닥에서 두 자 정도 높게 만든 곳에 마련된 의자에 앉아 있었고 그 앞에는 발이 쳐져 있어 이에사다의 얼굴을 제대로 볼 수 없었다고 기록되어 있다. 그러나 발 너머로 보이는 이에사다에 대해서 해리스는, "대군은 자신의 머리를 왼쪽 어깨 너머로 휙 젖히기 시작했다. 동시에 오른발을 쿵쿵 내려쳤다. 이것이 세, 네 번 되풀이되었다. 그러고서 그는 잘 들린다, 기분이 좋은 위엄 있는 목소리였다."고 기록하고 있다. 이에사다의 모습을 발로 가리고 있었다든지, 말을 할 때의 신체의 심상치 않은 움직임은 뇌성마비의 전형적인 움직임이라고 한다.[26] 이 심상치 않았다는 것으로 보아 이에사다는 뇌성마비였다고 추측할 수 있다. 이밖에도 이에사다가 장해를 가지고 있었다는 것은 여러 문헌에서 확인할 수

---

26 篠田達明(2005)『德川将軍家十五代のカルテ』, 新潮新書.

있다.[27]

이상으로 극히 대략적이기는 하지만 주로 일본 고대 문학 작품을 중심으로 한 문헌 속에 등장하는 장해자의 종류와 장해자에 대한 전근대인들의 인식에 대해서 살펴보았다.

4. 장해의 극복과 승화

일본 각지에 복자(福子) 전승이라는 것이 존재한다. 장해아를 복을 불러오는 존재로, 또는 부를 가져다 주는 수호신과 같은 존재라 여기는 민간 신앙에 기초하고 있다. 장해를 가진 아이가 태어나면 그 아이를 '후쿠고(福子)' '다카라고(宝子)' '후쿠스케(福助)' '후쿠무시(福虫)'라고 부르며 그 아이가 평생 곤란하지 않게끔 가족 전체가 마음을 합쳐 열심히 일을 한 결과 그 집은 번창하게 된다는 전승이다.[28] 옆에서 보면 마치 장해아가 복을 불러오는 것처럼 보였을 것이다. 여기에는 장해아가 가족의 불행을 모두 짊어지고 태어났기 때문에 소중히 키워야 한다는 생각과,[29] 불교의 윤회사상을 바탕으

---

27 미도번(水戸藩) 번주 도쿠가와 아키나리(德川齊昭)는『忠成公手祿』이라는 수필에서 이에사다가 알현을 위해 등청하는 가신들을 귀찮아 하는 것은 정무에 대해서 아무것도 모르기 때문이라고 하면서 이에사다에게 지적장해가 있는 듯한 기술을 하고 있다.

28 복자전승에 대해서는 大野智也・芝正夫(1983)『福子の伝承－民俗学と地域福祉の接点から－』, 堺屋図書, p.24에서 자세히 다루고 있다. 시바(芝)는 전국에 349통의 앙케이트를 보내 그 결과 60의 사례를 얻었다. 복자전승은 간사이(關西) 지방에 많이 분포하고 있으며 간토(關東) 지방을 중심으로 하는 도호쿠(東北) 지방에서는 거의 보이지 않는다고 한다.

로 하여 장해아는 조상의 환생이라는 생각이 저변에 깔려 있다. 그리고 이 복자 전승의 확산이 장해아들을 살리는 데에 큰 도움이 되었을 것이다. 이것은 장해를 가지고 태어난 아이들을 경원시하지 않고 촌락공동체 안에서 복을 가져다주는 존재라 여겨져 마을 사람들의 따뜻한 보살핌 속에서 자랄 수 있게 만든 사회적 장치였다. 이와 같은 장치를 통해 장해자는 흉하고 보기 싫어 경원시되는 사회적 약자가 아니라 정상인보다도 더 존귀한 수호신적 존재가 된다.

한편 장해아는 집안의 노동력이 되어 금전을 가져다주기에 후쿠고, 다카라고라 불리웠다는 견해도 있다.[30] 요컨대 장해아는 집안의 번영을 지키는 수호신적 존재와 집안의 노동력이 되어 금전을 가져다주는, 두 가지 의미에서 후쿠고였고 다카라고였다. 이는 곧 공동체에서 허락된 '이상(異常)'이라고 할 수 있다.[31]

복자 전승의 대표적인 것이 에비스 신앙으로, 칠복신(七福神) 중 하나인 에비스를 추앙하는 신앙이다.[32] 7명의 복을 가져다주는 신

---

29 生瀬克己(1997)「障害者の自立と生活保障　福祉と障害」, 山本博文編『江戸の危機管理』, 新人物往来社, p.174
30 山田厳子(1993)「こどもと富ー＜異常児＞をめぐる＜世間話＞ー」『国立歴史民俗博物館研究報告 第54集』, p.269.
31 山田厳子, 上掲書, p.271
32 에비스텐(恵比寿天) - 이자나기・이자나미 사이에서 태어난 자식 히루코, 혹은 오쿠니누시노카미(大国主神)의 아들인 고코시로누시노카미(事代主神)의 변신? 처음에는 어업의 신, 시대가 흐름에 딸 복신으로서 '상업번성' '오곡풍양'을 가져다주는 신이 되었다. 유일하게 일본 출자의 신이다.
다이코쿠텐(大黒天) - 인도 힌두교의 지바신의 화신인 하마카라신. 오쿠니누시노카미(大国主神)와 습합하여 다이코쿠바시라(大黒柱)로 모습을 나타내며 먹을 것, 재복을 관장하는 신.
비샤몬텐(毘沙門天) - 원래는 인도의 힌두교의 구베라신. 복덕증진(福徳増進)의 신이었으나 불교에서 이를 받아들여 싸움의 신으로 민중에게 신앙되었다.

들이라 하여 이 7명이 타고 있는 배 그림을 장식하거나 새해에는 각각의 신을 모신 신사를 7곳을 참배하고 다니는 습관이 에도 시대 서민들 사이에서 유행했다. 에비스 신앙의 기원은 전 장에서 살펴본 일본 신화에 장해를 가지고 태어났다고 등장하는 히루코의 유리(流離)에 연유한다. 이자나기와 이자나미 사이에서 태어난 첫 번째 아이인 히루코는 세 살이 되어도 다리가 서지 않아 배에 태워 바다로 흘려보냈다고 한다.[33] 일본 신화에서 히루코에 대한 기술은 이렇게 짧고 간단하다. 갈대 배에 실려 바다로 떠내려가 히루코가 그 후 어떻게 되었는지는 신화에서는 일절 언급하고 있지 않다. 그러나 후세의 학자들은 이 히루코에 대해 다양한 해석을 내놓았다.

마쓰무라 다케오(松村武雄)는 "여러 민족의 전승에 첫 아이는 장해를 가진 아이가 태어나는 경우가 많다"라고 했다.[34] 사이고 노부쓰나(西鄕信綱)는 "거머리처럼 뼈가 없고 흐물흐물한 불구아를 말하는

日本では毘沙門天(ヴァイシュラヴァナ)と呼ばれる。
  벤자이텐(弁才天, 弁財天) - 칠복신 중에서는 유일하게 여신. 원래는 인도 힌두교의 여신인 사라스바티신. 불교에서 이를 받아들여 음악·변재·재복·지혜의 덕이 있는 천녀가 되었다.
  후쿠로쿠주(福禄寿) - 도교의 송의 도사 천남성(天南星) 또는 도교의 신으로 남극성의 화신인 남극노인(南極老人), 수노인(寿老人)과 동일신으로 여겨지는 경우도 있다. 장수와 복록을 가져다준다.
  주로진(寿老人) - 도교의 신으로 남극성의 화신인 남극노인. 일본의 칠복신의 하나로서는 백발묘진(白鬚明神)이라 여겨지는 경우도 있다.
  호테이손(布袋尊) - 당 말기의 명주(明州, 현재의 中国浙江省寧波市)에 실재했던 불교의 선승. 그 살이 찌고 호탕한 풍모가 인기를 끌며 들고 있는 주머니에서 재물을 꺼내 나눠준다. 미륵보살의 화신이라고도.
  칠복신 신앙은 무로마치 시대 말기 무렵부터 생겨났으며 농어민들의 신앙으로 성장하여 현대에까지 이어지고 있다.
33 일본서기에는 아메노이와쿠스부네(天磐橡樟船)에 태워 떠내려 보냈다고 한다.
34 松村武雄(1955)『日本神話の研究』2, 培風館, p.270.

것이다. 서기에는 '3년이 될 때까지 다리로 설 수 없었다'라고 하고
있다." 그러면서 "게다가 서기에는 일신(아마테라스오카미), 월신(쓰쿠
요미노미코토)을 낳은 다음에 이 히루코를 낳았다고 되어 있다. 이러
한 전승이 생긴 것은 일신의 이름이 오히루메(大ヒルメ)였었다는 것에
따라 음운적으로 히루코가 거기에 유인된 것이라 여겨진다.(이런 주
장을 하는 사람들이 꽤 있다) 다만, 이 때문에 히루코를 히노코(日の子), 즉
태양신의 자식이라고 하는 설도 튀어나온 것이지만, 이건 서기의
기술에 한방 먹었다고 해야 할 것이다. 히루메는 태양신의 처라는
뜻이어서 히루코와 쌍을 이루지 않는다."라며 히루코의 불능, 불구
설을 지지하고 있다.[35] 히루코를 태양신의 자식이라 하는 설은 일
본서기의 기술, 그것도 본문이 아닌 일서(一書)의 기술을 중시하기
때문에 나온 주장이다. 일본서기를 역사서로 다룰 때 일서는 단지
이설(異說) 정도로 취급해야지 본문과 동등하게 취급해서는 안 된
다. 따라서 히루메는 태양신의 처라는 뜻이고 히루코와 쌍을 이루
지 않는다고 봐야 할 것이며, 그런 의미에서 히루코의 불구설을 지
지하고 있다.

　아무리 몸이 불편하다고, 불구라도 해도 아이를 배에 실어 버리
는 행위는 현재의 가치관으로 볼 때 용서할 수 없는 일이다. 그러면
이자나기·이자나미는 왜 히루코를 버려야만 했을까. 여기에는 다
양한 해석이 가능하겠으나 그 배경에 '게가레(더러움, 부정)'라는 의
식이 크게 영향을 주고 있다고 여겨진다. 게가레란 비일상적인 것

35　西鄕信綱『古事記注釋』제1권, p.114.

이고 이는 곧 부정한 것으로 사람들은 이를 몹시 꺼렸다. 불구나 장
해도 게가레의 일종이며, 히루코는 불길한 아이로 여겨져 버림을
받았던 것이다. 그러나 이랬던 히루코가 중세 이후 에비스 신앙과
결부되어 복신(福神)으로 존숭되기에 이른다.

효고현 니시노미야 신사(西宮神社)에는 히루코 전설이 전해져 내려
오고 있다. 바다에 떠내려간 히루코는 현재의 효고현(兵庫縣) 니시노
미야시(西宮市) 해안에 표착했고, 그 고장 사람들에게 건져져 외부에
서 오는 사람을 뜻하는 '에비스'라 불리며 소중히 키워졌다고 한
다. 히루코를 나타내는 한자 '蛭子'는 '에비스'라고도 읽는다.[36] 현
대인에게도 익숙한 칠복신의 하나인 그 에비스이다.[37]

하루코는 (태어나)3년까지 서지 못하는 신이셔서 아메노이와쿠스
부네에 태워 바다로 떠내려 가셨는데   세쓰노쿠니에 표착하시어 바
다를 다스리는 신이 되어 에비스사부로사마로 모습을 나타내시어 니
시노미야에 계신다.[38]

---

36 에비스의 표기는 「戎」, 「恵美須」, 「恵比寿」, 「恵比須」 등 다양하다. 원래 표착한 생물
    (고래 등)을 도코요(常世國)에서 온 신으로 받아들여 '에비스'라고 불렀다고 한다.
37 그 배가 표착한 땅이라는 전설은 일본 각지에 남아 있다. 특히 간사이 지방에는
    전승이 많이 남아 에비스와 동일한 신으로 모셔지고 있는 곳이 많다. 西宮神社
    (兵庫県西宮市社家町)蛭子神社(徳島県那賀郡鷲敷町)西宮神社(栃木県足利市西
    宮町)須部神社(福井県遠敷郡上中町)和田神社(兵庫県神戸市)三社大神宮(兵庫県
    神戸市須磨区須磨浦通)
38 蛭子は三年迄足立たぬ尊とておはしければ、天磐樟船に乗せ奉り、大海が原に推し
    出されて流され給ひしが、摂津の国に流れよりて、海を領する神となりて、戎三郎殿と
    顕れ給うて、西宮におはします。

즉, 바다에 떠내려간 히루코는 '에비스사마'로서 칠복신의 하나로 이름을 올렸고, 지금도 어업의 신, 상업의 신으로 많은 사람들로부터 신앙되었던 것이다. 일종의 '귀종유리담(貴種流離譚)'이다. 히루코도 유배된 존재로 공식 기록에서는 말소되었지만 이자나기와 이자나미의 자식이기 때문에 신으로 모셔질 수 있는 요소는 충분했던 셈이다.

니시노미야 신사에 전해져 내려오는 전승은 다음과 같다.[39] 시대는 불명. 어느 어부가 그물을 끌어 올렸는데 걸려 있던 것은 물고기가 아니라 인형이었다. 물고기가 아니었기 때문에 바다로 다시 버리고 또 장소를 바꾸어 고기잡이를 계속했는데 반응이 없어, 오늘은 여기서 끝내려고 마지막 그물을 던졌는데, 다시 그 인형이 그물에 걸려 올라왔다. 어부는 두 번이나 그물에 걸린 것은 예삿일이 아니라고 생각해 집에 가지고 가서 신으로 모시기로 했다. 그리고 며칠 후에 유메마쿠라에 서 있던 것이 히루코였다. 히루코는 소중히 대해준 어부에 대한 감사와 자신이 이자나기와 이자나미의 자식이라는 것, 그리고 "여기보다 서쪽 땅에 궁을 지어 모셔 주었으면 한다"라고 하는 신탁을 남긴다. 어부는 동료와 상의하여 신체를 옮겨 모신 것이 니시노미야 신사의 효시로 알려져 있다.

히루코의 신격은 해신(海神)이다. 영험함은 금운상승(金運上昇), 풍어수호(豊漁守護), 상업번성(商売繁盛), 해상안전(海上安全), 시장의 수호, 산업의 수호, 소원성취, 교통안전이다. 히루코를 제신으로 모시는

---

39 니시노미야 신사 공식 홈페이지
  https://nishinomiya-ebisu.com/history/index.html

신사는 전국에 셀 수 없이 많고, 주로 에비스와 함께 모셔지는 경우가 많은데 그중 니시노미야 신사는 3,500개 이상 있는 에비스 신사의 총본산으로 헤이안 시대 신상(神像)으로 소생한 히루코신의 신탁에 의해 건립되었다고 한다. 또한 가고시마의 히루코 신사도 유명하다. 여기에도 히루코가 표착했다는 전승이 전해져오고 있다.

일본 최초의 신이었던 히루코는 장해자로 태어나 부모인 이자나기·이자나미에 의해 바다에 버려졌지만 훗날 에비스 전승과 결합하여 다시 신격을 부여받고 복신으로 존숭을 받는다. 장해는 게가레, 즉 더러움이 아니라 오히려 복으로 승화된다.

한편, 에도 시대를 통틀어 장해자 장군이 2명이나 있었지만 도쿠가와 막부는 이렇다 할 장애인 보호 정책을 내놓지 않았다. 예외로는 맹인을 보호하는 정책이 있었는데 '겐교(檢校) 제도'가 그것이다. 에도 시대의 장애인 중 맹인은 다른 장애인과는 사뭇 다른 위치에 있었다. 헤이안, 가마쿠라 시대부터 시작된 겐교 제도는 맹인에게 명예와 지위를 부여하는 것을 보장하는 것이었다.[40] 『헤이케모노가타리(平家物語)』 가쿠이치본(覺一本)을 저술한 겐교 아카시 가쿠이치(明石覚一)는 무로마치 막부의 비호를 받아 '도도자(当道座)'라는 남성 맹인의 자치 조직을 발족시켰다. 이후, 특히 에도 시대에 들어서는 맹인을 겐교(檢校), 고토(勾当), 자토(座頭), 이치(市)의 4단계로 나누고, 물론 일부이기는 했지만 가장 위의 겐교는 사회적으로 다이묘와

---

40 겐교(檢校)는 헤이안 시대, 가마쿠라 시대에 설치된 장관(莊官), 사찰과 장원(莊園)의 감독 직책명이었는데 무로마치 시대 이후 맹관(盲官)의 최고위 명칭으로 자리 잡았다.

동등한 지위를 부여했다고 한다. 이들은 비파, 관현, 시가의 연주나 뜸, 안마 등으로 생업을 지탱했다.

이 겐교 제도는 맹인이 사회적 지위를 획득할 수 있는 가능성을 제도적으로 뒷받침하는 것으로, 비록 일부이기는 하나 적어도 에도 시대의 맹인은 사회적 약자가 아닌, 오히려 맹인이라는 특징을 가지고 사회에서 독자적인 지위를 획득하고 있었던 것이다.

5. 맺음말

일본 사회에 있어 장해자는 시대와 지역을 막론하고 차별과 편견 속에서 공동체로부터 배제되는 사회적 약자였다. 즉 현대 학술 용어로 정의하자면 서벌턴이었다. 본고에서 살펴본 신화 속 히루코도, 나라 시대의 교기의 설화 속에서도, 세미마루 전승을 통해서도 알 수 있듯이 장해자는 버려지거나 격리되는 존재였다. 심지어 장애를 안고 태어난 아이는 산파에 의해서 죽임을 당하기도 했다. 실제로 에도 시대만 보더라도 버려지거나, 죽임을 당하거나 비인(非人) 취급을 받았던 박해의 사례는 수많은 문헌을 통해 확인할 수 있다.

그런 한편으로 장해자는 집안에 복을 가져다주는 수호신으로, 또는 노동력으로 인해 직접적으로 금전을 가져다주는 후쿠고, 다카라고로 추앙되었다. 그리고 장해자였기 때문에 버려진 히루코는 상업의 신, 바다의 신으로 부활하여 지금까지도 현대 일본 사회에서 뿌리 깊게 신앙되고 있다. 장해의 극복이자 승화이다. 비록 비파의 명인으로, 혹은 검교 제도에 의해 보호를 받던 맹인들은 현대 일본 사회의 저변에서 맛사지사로 대표되는 업종에 종사하며 생업을 꾸려가고는 있지만 말이다.

본고에서는 전근대 일본 사회의 이른바 '말할 수 없는' 사회적 약자로 살아갈 수밖에 없었던 장해자의 표상과 인식을 통시적으로 살펴보고, 이들이 장해를 극복 혹은 승화시키는, 다시 말해 장해자들이 일본 사회의 사회적·문화적 주변에서 중심부로 들어갈 수 있는지, 그 전환의 가능성과 한계에 대해서 고찰해 보았다. 전근대 시대라는 긴 시간대를 대상으로 하다 보니 문헌 속 표상의 분석과 시대별 장해자 인식에 대해서 좀 더 천착하지 못했음은 아쉬움으로 남으나 이는 앞으로의 연구를 통해 보완해 나가기로 하고, 본고가 '말할 수 없는' 소수자, 서벌턴 연구에 조금이나마 유의미한 시론이 되기를 희망해 본다.

| 참고문헌 |

本居宣長(1968)『古事記伝』大野晋 編『本居宣長全集』第十卷, 筑摩書房, p.6.

山口佳紀・神野志隆光 校注・訳(1997)『古事記』新編日本古典文学全集1, 小学館.

小島憲之 外 校注・訳(1994)『日本書紀』新編日本古典文学全集2, 小学館.

田中祝夫 校注・訳(1975)『日本霊異記』日本古典文學全集, 小學館, pp.225-227.

井上光貞 外(1976)『律令』日本思想大系, 岩波書店.

北川忠彦 校注・訳(2000)『狂言集』新編日本古典文学全集60, 小学館.

山崎佐(1953)『江戸期前日本醫事法制の研究』中外医学社, p.117.

松村武雄(1955)『日本神話の研究』2, 培風館, P.270.

河野勝行(1973)「障害者差別の成立と階級支配－古事記・日本書紀の蛭児『神話』の 批判的検討を通して－」『障害者 問題研究』第1号, 全国障害者問題研究会.

新村拓(1989)『死と病と看護の社会史』, 法政大学出版局, p.75.

西郷信綱(1975)『古事記注釋』第1卷, 平凡社, p.114.

生瀬克己(1991)『障害者問題入門』, 海防出版社.

＿＿＿＿＿(1997)「障害者の自立と生活保障 福祉と障害」, 山本博文編『江戸の危機管 理』, 新人物往来社, 1997, p.174.

山田厳子(1993)「こどもと富ー＜異常児＞をめぐる＜世間話＞ー」『国立歴史民俗博物 館研究報告 第54集』, p.269.

篠田達明(2005)『徳川将軍家十五代のカルテ』, 新潮新書.

노성환(2009)『고사기』, 민속원, 2009.

김영주(2020・10)「세미마루 전승 고찰: 장애에 대한 사회의식을 중심으로」『비 교문학』제82집, 한국비교문학학회.

『百科事典マイペディア』
(https://kotobank.jp/word/%E9%96%93%E5%BC%95%E3%81%8 D-635570 (검색일: 5.1)

일본 내각부 홈페이지
https://www8.cao.go.jp/shougai/suishin/kaikaku/s_kaigi/k_26/pdf/s2. pdf(검색일: 5.3)

니시노미야 신사 공식 홈페이지
https://nishinomiya-ebisu.com/history/index.html(검색일: 5.3)

일본 근세의 피차별인과
예능인의 구제

편용우

1. 재해 구제 대상의 사각지대

일본은 사회에 코로나19가 만연하자 2020년 4월 20일 전 국민에게 1인당 10만 엔의 「특별정액급부금(特別定額給付金)」을 지급하기로 결정했다. 총무성(総務省)은 지급 목적에 대해 자숙과 희생을 감내하고 있는 사람들의 가계에 도움을 주기 위해서라고 설명하고 있다.[1]

---

1   인터넷에 공개된 원문은 다음과 같다
   新型インフルエンザ等対策特別措置法の緊急事態宣言の下、生活の維持に必要な場合を除き、外出を自粛し、人と人との接触を最大限削減する必要がある。医療現場をはじめとして全国各地のあらゆる現場で取り組んでおられる方々への敬意と感謝の気持ちを持ち、人々が連帯して、一致団結し、見えざる敵との闘いという国難を克服し

가네다 미쓰루(兼田充) 등은 「특별정액급부금」의 6%~27%가 소비 증가로 이어졌으며, 근로소득이 낮은 가계에 더 효과가 있었다고 보고하고 있다.[2] 즉 사회적 거리두기와 가게 등의 영업제한으로 인해 피해를 받은 서민들의 경제에 직접적인 효과가 있었음을 알 수 있다. 지급은 지자체별로 접수 시작부터 3개월 기한으로 이루어졌다. 지급 대상은 기준일(2020년 4월 27일)에 '주민기본대장(住民基本台帳)에 기록되어 있는 사람'이었는데, 2021년에 발표된 최종 지급률은 99.4%였다.

문제는 노숙자 등 주민기본대장에 등록되지 않거나 말소된 사람들의 경우였다. 일본 정부는 이 문제에 대처하기 위해 급부금 지급 계획 발표시에 주민기본대장에 등록되지 않았거나 말소되었더라도 지금 거주하고 있는 곳이나 이전에 등록되어 있는 곳에서 확인을 통해 급부금을 지급 받을 수 있다고 홍보했다. 하지만 주거지가 없고, 주거에 대한 보증을 받기 어려운 노숙인에게는 별 의미 없는 조치였다.[3] 결국 일본 총무성이 발표한 99.4%의 지급률은 주민등

なければならない。」と示され、このため、感染拡大防止に留意しつつ、簡素な仕組みで迅速かつ的確に家計への支援を行う。
　　https://www.soumu.go.jp/main_content/000715398.pdf(검색일 : 2022.02.19)
2 兼田充・久保田荘・田中聡史(2021)「コロナ禍における特別定額給付金の家計消費への影響－家計簿アプリデータを用いた実証分析－」
　　https://www.rieti.go.jp/jp/special/special_report/135.html(검색일 : 2022.02.19)
　　위 보고서는 동일 저자에 의해 『Covid Economics: Vetted and Real- Time Papers』75호에 발표된 논문 「Who Spent Their COVID-19 Stimulus Payment? Evidence from Personal Finance Software in Japan」을 기반으로 하고 있다.
3 아사히신문(朝日新聞) 디지털의 기사 「코로나 사태, 손에 쥐지 못한 10만엔, 길 위에서 들은 체념의 목소리(コロナ禍、届かなかった10万円　路上で聞いた諦めの声)」(2020년 12월 23일)라는 신문 기사와 같이 구제책에서 사회적 약자가 제외되었음을 지적하는 기사가 다수 보도되었다.
　　https://www.asahi.com/articles/ASNDR4Q9XNDLULOB017.html(검색일 : 2022.02.17)

록이 말소된 노숙인들은 포함되지 않은 통계였다.

이처럼 사회에서 가장 보호받아야 할 사회적 약자는 국가의 복지 시스템에서 제외되기 쉬운 것이 사실이다. 이는 비단 지금의 문제만은 아니다. 특히 대도시와 상업경제가 발달했던 일본의 근세시대에는 재해에 대비한 빈민구제제도가 체계적으로 관리되고 있었다.

재해와 구제책에 대한 연구는 역사분야에서 주로 이루어져 왔다. 혼조 에이지로(本庄栄治郎)는 경제사적인 관점에서 기근, 지진, 화재, 역병 등에 대처하는 에도 막부의 제도 등을 『사적연구 천재와 대책(史的研究 天災と対策)』(大阪毎日新聞社, 1924)에서 정리하고 있다. 지방에서의 재해 대책과 빈민구제에 대한 연구는 향토사 연구에서 활발하다. 예를 들어 마루모토 유미코(丸本由美子)의 교토대학(京都大学) 박사논문(법학) 「가가번 구휼고-히닌고야를 중심으로(加賀藩救恤考—非人小屋を中心に)」에서는 가가번의 빈민층을 구제하기 위한 제도의 변화를 구제소(非人小屋)와 제도를 중심으로 살핀 논문이다.

선행연구에서 공통적으로 밝혀놓았듯이 일본 근세의 빈민구제는 제도적으로 매우 완성된 형태였다. 막부와 각 번의 수장은 자애(慈愛)를 앞세워 빈민구제에 적극적이었다. 물론 이면에는 폭동 방지와 안정된 세수를 위한 필요성이 자리 잡고 있었다. 그러나 피차별민의 구제에 대한 선행연구는 확인되지 않는다. 피차별민에 대한 연구와 빈민구제의 연구가 따로 진행되어 왔기 때문이기도 하지만, 피차별민에 대한 구제와 관련된 기록이 많지 않기 때문일 것이다. 따라서 본고에서는 우선 선행연구를 중심으로 재해 상황에

서 이루어진 에도(江戸)의 빈민구제에 대해 정리하고, 피차별민의
구제 상황에 대해 고찰하고자 한다. 그리고 마지막으로 피차별민
과 평민의 중간에 위치한 예능인의 경우도 살펴보았다.

2. 기근과 사회 약자의 구제

1833년 동북지방과 관동지방의 홍수와 냉해로 인해 쌀 생산량
이 급격히 줄어들어 전국적으로 기근 피해가 발생했다. 에도시대 3
대 기근 중의 하나로 꼽히는 덴포기근(天保飢饉)의 시작이었다. 이상
기후로 인한 흉작, 기근과 이에 따른 영양실조와 역병의 만연은 대
재앙의 공식과도 같았다. 덴포기근으로 인한 쌀 가격 폭등은 에도
에도 영향을 미쳤다. 『부코넨표(武江年表)』의 기사를 보자.

　1833년

　　○ 올해 쌀가격이 올라 빈민의 구제금과 쌀 배급이 종종 있다.<부유
　한 조닌(町人)이 천민을 돕기위한 쌀과 돈을 나눠주는 일이 자주 있다>[4]

쌀 가격 폭등은 경제적으로 취약한 에도의 하층민에게 직접적인
타격을 주었음을 알 수 있다. 그 구제에 적극적으로 나서 쌀과 돈을

4　斎藤月岑『武江年表』, 이하 동서의 인용은 国書刊行会編(1912)에 의함.
　天保 4 年
　○今年米価登揚し、貧民へ御救の米銭を賜事度々也。＜富有の町人、各賤民へ施
　しの米銭をあたふる事おびたゞし＞

나누어 준 이들은 「부유한 조닌」이었다. 『부코넨표』의 1836년 기사도 기근이 계속되고 있음을 전하고 있다.

○ 올해 4월부터 매일 비가 내렸다. 또한 날이 흐려 5월이 되자 장마가 그치는 적이 없어 채소가 자라지 않았다. 사가카이초 행사에 참배하는 사람도 적고, 공연물은 많이 있었지만 관객들이 없다. 료고쿠바시 다리 근처의 납량 행사도 적막하다. 7월 18일은 (태풍이 자주 온다는) 210일에 해당하는 날이다. 이날부터 큰 비바람이 닥쳐 가옥이 훼손되고 오카와 거리는 홍수로 잠겼다. 때문에 쌀값이 일시에 올랐다. 그 뿐만 아니라 8월 1일 이전보다 두 배나 되는 태풍이 아침부터 거세어 가옥을 부수고 나무를 넘어뜨려 많은 부상자가 발생했다. 근처에 범람이 일어났다. 이 때문에 미곡이 부족해져 많은 사람이 매우 곤궁했다. 7월부터 빈민구제의 쌀과 돈이 배급되었고, 10월이 되자 스지카이바시 문 바깥에서 이즈미바시 다리까지의 사이 강변 거리에 임시구제소를 마련하고 빈민을 보호하고 음식을 나눠줬다.[5]

1836년 4월부터 5월에 이르기까지 장마가 계속되어 흉작이 계속되었다. 더구나 태풍과 홍수로 가옥이 무너지는 피해가 속출하

5　○今年四月より日々雨降、又曇天にて五月に至り霖雨止む時なく、菜蔬生る事なし、嵯峨開帳詣人少く、看せ物あまた出したれども見物なし、両国橋畔納涼また寂莫たり。七月十八日二百十日に当り、旦より大風雨家屋を傷損す。大川通出水あり、是より米価一時に登揚し夫のみならず八月朔日、先に倍せる大風朝より烈しく、屋宇を破り樹木を折り怪我人あまたあり、近在は水溢る、是によつて米穀弥乏しく諸人困苦甚し、七月より貧民御救として米銭を給はり、又十月にいたり筋違橋御門外より和泉橋迄の間河岸通りに、御救の小屋を営てこれに居らしめ食物を給はる。

자 임시구제소(御救小屋)가 설립되고 이를 통해 빈민구제가 이루어졌다. 임시구제소는 보통 대화재나 홍수로 갈 곳을 잃은 이재민을 구제하기 위한 기구였다. 3년전인 1833년에도 화재로 인한 이재민을 구제하기 위해 「임시구제소가 10곳에 13동을 세워져 빈민을 구제했다(御救の小屋十箇所へ十三棟を建られ、貧民を救はせらる)」와 같이 13동의 임시구제소가 세워졌다. 임시구제소에서는 「미전(米銭)」, 즉 쌀은 물론 재기를 위한 자금이 지급되었다. 입소자들은 낮 동안 지급 받은 자금을 활용해 상업 등에 종사해 생업을 이어나갔다.[6]

임시구제소의 설립 배경을 엿볼 수 있는 문서로 1836년의 『황세유민구휼도(荒歳流民救恤図)』가 전해지고 있다. 이 두루마리(絵巻物)에는 임시구제소의 설립 이유를 다음과 같이 전하고 있다.

도로에 아사한 자가 넘쳐나서 눈앞의 참상을 보기 힘들다. 따라서 불초<사다야스>가 교유소의 선생인 기타코지 다이가쿠노스케라는 사람과 의논해 널리 동지들을 모았다. 관의 허가를 받아 1835년 1월부터 산조바시 다리 남단에서 몇 구역의 작은 집을 짓고, 이를 구제소라고 불렀다. 기아의 유민을 모아 의식과 의약을 나눠주고 죽은 자는 매장하는 일을 이듬해 1836년까지 약 15개월간 이어갔다. 구휼한 자는 총 1480여명, 그 중에 사망한 자는 974명(생략)[7]

---

6 児玉幸多 집필, 「御救小屋」 항목, 『国史大辞典』 온라인,
   https://japanknowledge.com/psnl/display/?lid=30010zz081860(검색일:
   2022.02.19)
7 道路に餓死する者夥し、目下其惨状を見るに忍ず、於是不肖＜定静＞教論所儒師
   北小路大学助なる者と謀り、普く都下の同志者を募り、官の許可を経て、同八年丁酉
   正月より三條橋南の磧に於て数区の小舎を結び、これを救小屋と唱へ、飢餓の流民

인용문에서 불초 사다야스(定静)라고 표기된 사람은 화가이자 다하라(田原) 번의 번사(藩士)였던 와타나베 가잔(渡辺崋山)이다.[8] 가잔은 임시구제소를 설립하기 위해 뜻을 같이하는 사람을 모아 사설 임시구제소를 설립하고 사람들에게 의식주, 치료, 장례까지 제공했다. 그의 노력에도 불구하고 1480여명의 입소자 중에 974명이 사망하고 말았다. 그림에는 당시 쌀과 음식 등을 기증한 사람들의 명단이 보인다. 시기는 다르지만 안세이대지진(安政大震災) 발생 시에 설치된 임시구제소에는 서민(町人)들의 기부품 목록과 명단이 <지진/출화 임시구제소 시행 명단(地震／出火 御救小屋施行名前附 並近辺居廻り施行)>이라는 가와라반(瓦版)으로 제작되었다. 명단을 보면 에도 서민들이 된장, 쌀, 돈 등을 십시일반 모았던 것을 알 수 있다. 즉 임시구제소의 운영과 지원은 에도 조닌(町人)이 중심이었다.

임시구제소는 지진이나 화재, 기근이 있을 시에 에도의 조닌 자치단체인 조나이카이(町内会)에서 주도해 설치 운영해왔다. 중앙방재회의(中央防災会議)의 재해교훈 계승에 관한 전문조사회(災害教訓の継承に関する専門調査会)에서 펴낸 보고서『1855 안세이 에도 지진 보고서(1855安政江戸地震報告書)』에는 임시구제소 설치와 운영에 대한 일정이 정리되어 있다.

を招集し、衣食医薬を寄与し、死者は埋葬し、翌九年三月に至て止む。凡十五ケ月間也。救恤する者総て一千四百八十余人、内死亡せし者九百七十四人、(略)

8 그림의 작자가 와타나베 가잔이 아니라 오자와 가가쿠(小沢華嶽), 임시구제소를 설립한 사람도 가잔이 아닌 교토(京都)의 히라즈카 시게타카(平塚茂喬)라고 주장하는 설이 있다. 하지만 여기에서는 소장처 글의 내용을 그대로 받아들여 가잔이라고 인정하겠다. 자세한 내용은「荒歳流民救恤図は崋山の画にあらず」(森銑三(1974)『森銑三著作集11』, 中央公論社), 菊池勇夫「荒歳流民救恤図」(『予防時報』第236号) 참조

- 10월 2일 지진 발생
- 10월 4일 임시구제소 설치에 관한 명령
- 10월 5일~6일 임시구제소 설치, 1인당 주먹밥 1개 배부
- 10월 20일 주먹밥 배부 중지, 임시구제소 계속 이용 희망자 조사

이 중 임시구제소 계속 이용 희망자에 대한 기준은 다음과 같다.

- 행상, 일용직 등의 일당직
- 수고비로 가족을 부양하는 직공
- 절에 속하지 않은 민간의 승려나 비구니, 탁발승
- 외곽의 지주나 집주인 중에 집세 등의 수입이 적어 일용직을 하
  여 가족을 부양하는 자
- 상인 중에 수입이 적은 자
- 직공의 하청을 받아 세공을 하는 자

조닌들의 자치조직인 마치카이쇼(町会所)에서는 20일 정도의 긴급한 구제를 마친 후에도 일용직 근로자, 저임금 근로자, 종교인, 저소득 임대인, 영세수공업자 등 사회적 약자에게 임시구제소를 제공해 최저생활 유지 및 사회복구를 지원했다. 막부는 일자리와 기회를 찾아 대도시 에도로 몰려와 형성되어 있던 하층민들이 재해로 인해 빈곤층으로 내몰려 봉기할 것을 우려해 임시구제소 운영에 적극적이었다.

지방의 각 번(藩)에서도 기근과 재해에 임시구제소를 마련한 것

은 마찬가지였다. 에도와는 달리 농민이 구제의 대상이 되었던 번에서는 농민의 구제가 세수와도 직결되었다. 따라서 번은 임시구제소를 운영해 구제한 빈민들을 백성의 한 형태로 편입시켜 생산력으로 삼았다.[9]

3. 무슈쿠닌(無宿人)과 히닌(非人)

2절에서 파악한 에도의 빈민구제는 기본적으로 마치카이쇼에서 파악해 닌베쓰초(人別帳)라고 하는 주민대장에 등록된 사람들이 대상이었다. 도축이나 가죽 세공 등 기술적인 일에 종사했던 에타(穢多)와 구걸을 하던 히닌(非人)과 같이 에도시대의 대표적 피차별계층은 닌베쓰초에 등록이 되지 않았고, 임시구제소의 구제대상이 아니었다. 예능 역시 기술(예술)을 관객에게 보여주고 돈을 받는 일종의 구걸과 비슷한 개념으로 취급되었기에, 예능인도 피차별계층에 속했다. 에도의 조닌이 마치토시요리(町年寄), 나누시(名主) 등의 통제를 받았다면, 에타, 히닌, 예능인은 에타가시라(穢多頭) 단자에몬(弾左衛門)의 관할 하에 있었다.

신분제 사회였던 근세시대에 에타・히닌과 같은 피차별민들은 평민(平人)으로의 계층 이동이 자유롭지 않았다. 범죄자나 동반자살(心中) 미수자가 형벌의 일환으로 히닌 계급으로 되는 경우는 있었

---

9 관련 연구는 丸本由美子(2013)「加賀藩救恤考—非人小屋を中心に—」, 京都大学博士論文(法学)에 자세하다. http://doi.org/10.14989/doctor.k17845(검색일 : 2022.02.17)

어도 평민에서 히닌으로 되는 경우 역시 일반적이지는 않았다. 그러나 기근이 심하면 히닌의 수가 증가했음을 자료를 통해 확인된다. 야마다 산센(山田三川)은 『산센잡기(三川雜記)』에서 다음과 같이 적고 있다.[10]

시골에서 밥먹고 살기 어려워지자 에도로 가고 있다. 겨우 노잣돈만을 구해 에도에 들어오더라도 돌봐줄 사람이 없어 있을 곳이 마땅치 않았다. 그러던 중에 어쩔 수 없이 거지가 되었다.

기근을 피해 대도시로 온 사람들이 결국 에도에서 구걸을 하게 되는 것이다. 막부는 위와 같이 지방에서 에도로 와서 닌베쓰초에 오르지 않았던 사람들을 무슈쿠닌(無宿人)이라고 하고, 이들을 단속해 본국으로 돌려보내거나 히닌에 편입시켰다. 1836년 에도의 요리키(与力) 하라 젠자에몬, 니스기 고로자에몬이 작성한 「에도 출신 빈민 구제에 대한 의견서(町方飢渇之者御救之儀ニ付申上候書付)」에는 다음과 같이 적고 있다.

그런데 1784년과 지난 1833년, 1844년에 이르기까지 자신의 고향을 숨기고, 고향에서 살기 어려워지자, 의지할 사람 없는 무슈쿠(無宿)

---

10 富村登校訂(1972)『三川雜記』, 吉川弘文館, p.209, 菊池勇夫「江戸に向かう奥羽飢人―天保七・八年を中心に―」『キリスト教文化研究所研究年報: 民族と宗教』53号, p.2 재인용.
田舎ニテ食スル事ナラズシテ江戸ヘ出ル也。ヤウヤク路費ダケ才覚シテ出ルニ江戸ヘ入テモオク者ナク居所ニコマリ居ル内ニシカタナク乞児トナル也。

로 에도로 나와 구걸을 하며 돌아다니지만, 그것도 어려워 결국 길거리에 쓰러지는 사람들이 있다. 따라서 에타가시라 단자에몬의 관청에 구제소를 만들고, 10개월 정도 보살핌을 받게 했다. 건강을 회복하면 본인의 희망을 물어 고향의 영주에게 신분을 넘기도록 했다.[11]

닌베쓰초에는 에도로 유입된 사람들의 출신 고향이 적혀 있었다. 에도로 돈을 벌러 온 사람들은 집주인인 오야(大家)의 보증으로 닌베쓰초에 등록이 될 수 있었다. 하지만 마땅한 자금이나 근로 계약 없이 가난을 피해 에도로 들어온 사람들은 닌베쓰초에 등록이 되지 못하고 구걸을 하며 생활할 수 밖에 없었다. 지금의 노숙인들과 같은 무슈쿠닌들은 행정기관의 단속 대상이 되었다. 본래 막부는 에도에 유입된 무슈쿠닌들을 단속해 일괄적으로 히닌으로 편입시켰다. 하지만 기근으로 히닌의 수가 너무 늘어나자 일단 돌본 후에 희망자에 한해 본국으로 되돌려 보낸 것이다. 무슈쿠닌 처리에 대해 쓰카다 다카시(塚田孝)는 다음과 같이 설명하고 있다.

덴포 기근 때에는 더욱 대규모의 임시 단속이 있었다. 1833~1834년에 걸쳐 임시구제소가 설치되었고, 1836~1837년에도 다시금 임시

---

11 旧幕引継文書『天保七年御救小屋一件』(国立国会図書館所蔵), 菊池勇夫(2020) 전게논문, p3. 재인용.
然ル処天明四辰年并去ル巳年ら翌午年ニ至、違作之国柄其土地ニ住居難相成、可便方無之無宿ニ相成御当地江出、物貰ひ致し歩行候得共、給続兼、終ニ行倒相煩罷在候者有之候ニ付、穢多頭弾左衛門囲内江介抱小屋補理、十ケ月程之間右体之病人見当次第引連参、小屋江入置、病気全快之上、身分片付相願候ものは、元領主地頭江御引渡可相成積被仰付

87

구제소가 설치되었다. ① 여기에 수용된 히닌은 4개소의 히닌가시라
가 아니라 단자에몬이 지배하던 히닌 수용소에 배치되었다. 또한 ②
1836년~1837년에는 에도 마치카이쇼에 의한 임시구제소가 간다사
쿠마초(神田佐久間町)에 만들어져 에도 출신의 빈민을 수용했다.[12]

　인용문의 밑줄을 통해 ① 평소의 무슈쿠닌과 기근시의 무슈쿠닌
을 구별했던 점, ② 에도의 닌베쓰초에 등록된 빈민과 무슈쿠닌을
구별해 구제했다는 점을 알 수 있다. 에도에는 단자에몬의 지배를
받는 4명의 히닌가시라(非人頭)가 있었고, 이들은 서로 구역을 나누
어 구걸했다. 평소의 무슈쿠닌은 각각의 히닌가시라가 수용해 에
도의 관리시스템 하에서 통제했다. 하지만 ①과 같이 기근이 심해
무슈쿠닌이 대량 발생하는 특수한 상황에서는 히닌가시라를 지배
하는 단자에몬이 직접적으로 무슈쿠닌을 관리했다. 후자의 경우
전자와 구별해 기근으로 유입된 무슈쿠닌들을 원래의 고향으로 돌
려보내, 에도의 치안 유지와 지역의 노동력 유지를 도모하려는 막
부의 의도가 있음을 엿볼 수 있다.
　또한 ②와 같이 기근으로 지방에서 유입된 무슈쿠닌과 에도 출신
의 이재민을 구별해 구제했던 것은 구제가 끝난 후 구호를 받은 이

---

12 塚田孝 집필「無宿人」항목, 西山松之助 외 편(1994)『江戸学事典』, 弘文堂, p.208.
　 天保飢饉に際してはさらに大規模な臨時狩込が行われた。天保4~5年(1833~4)にか
　 けて介抱小屋が設置され、さらに同7~8年にかけてふたたび介抱小屋が作られた。こ
　 の時狩込まれた野非人は、四ケ所非人頭にではなく、弾左衛門支配下の在方の非人
　 小屋頭に割付けられた。また天保7~8年の時には同時に江戸町会所による御救小屋
　 が神田佐久間町につくられ、江戸町方出生の飢渇者を収容した。

후 신분이 히닌인지 평민인지 논란이 생기는 것을 막기 위한 분리 조치를 취한 것이다. 나아가 마치카이쇼에서 운영했던 임시구제소의 운영자금은 에도 조닌들이 내놓은 자금이 대부분이었기 때문에 지방에서 유입된 무슈쿠닌은 구제 대상이 아니었던 것으로도 생각된다.

결론적으로 닌베쓰초에 등록이 된 에도인은 재해가 발생하면 「임시구제소(御救小屋)」와 같은 공적인 시설에서 구호를 받았지만, 닌베쓰초에 등록되지 않은 피차별민은 그렇지 못했음을 알 수 있다. 피차별민이 평민과는 달리 부역과 공납의 의무가 없어 공적 제도 밖의 계층이었던 것도 공적 구호 대상에서 제외된 이유일 것이다. 대신 막부는 히닌가시라와 에타가시라에게 피차별민의 통제를 일임하여 빈민구제라는 책임에서 벗어났다.

4. 예능인과 가부키 배우

피차별 신분이었던 예능인 역시 공적 구제 대상이었다고 보기 어렵다. 사루카이(猿飼) 등의 예능인은 에타가시라 단자에몬의 관리를 받고 있었지만, 일반 히닌과는 처우가 달랐다.

히닌과 비슷한 부류로 사루카이는 하카마를 입고 칼을 찼으며 히닌처럼 머리를 산발하지 않았다. 에타 히닌과 결혼을 하지도 않았다. 하지만 그들의 일이 히닌과 비슷했기 때문에 단자에몬의 지배하에서

에타와 히닌의 중간적인 대우를 받았다.[13]

사루카이와 같은 예능인은 히닌이 아니지만, 공연을 하기 위해서는 에타가시라나 히닌가시라에게 신고를 하고 허가를 받아야만 했다. 만담이나 팽이돌리기와 같은 곡예(曲芸)를 담당하는 고무네(乞胸) 들도 에타가시라, 히닌가시라의 관리를 받아야 했다. 이는 유랑을 하며 공연을 하는 예능집단 역시 마찬가지였다. 스와 하루오(諏訪春雄)는 히닌 집단이 극장이나 미세모노야(見世物屋)에 무전입장하려는 시비와 소송 사건이 빈번했음을, 그리고 공연단은 공연 수입의 10분의 1을 세금(運上金) 명목으로 히닌들에게 지불했음을 소개하고 있다.[14]

에타가시라와 히닌가시라는 예능인들을 피차별민으로 인식하고 관리하려 했지만 예능인들은 그들의 지배를 벗어나려고 노력해 왔다. 1776년 교토의 인형극단이 에도 및 에도 근교에서 공연을 하다가 히닌과 충돌이 있자 소송을 걸어 가부키배우와 인형극 관계자는 천민이 아니다라는 판결을 받은 사건이 있었다. 에도 가부키를 대표하는 배우인 2대 이치카와 단주로(市川団十郎)는 이 사건을 정

---

13 高橋貞樹(1992)『被差別部落一千年史』, 岩波書店, p.132
　非人に類するもので、猿飼は、着袴帯刀で非人のように斬髪せず、穢多、非人とも通婚はなかったが、その営業が非人に類せるため、弾左衛門の支配下にあって、長吏と非人との中間の待遇を受けた。

14 스와 하루오는 자신의 연구성과를 블로그의 스와 하루오 통신(諏訪春雄通信)을 통해 끊임없이 발신하고 있다. 해당내용은「諏訪春雄通信117」에 자세하다.
　https://www-cc.gakushuin.ac.jp/~ori-www/suwa-f12/suwa117.htm(검색일: 2020.02.22)

리해『가치오우기(勝扇子)』라는 글을 남겼다. 가부키와 인형극의 관계자들은 천민이 아니라는 판결을 받았다고는 하나 히닌들과의 다툼은 끊이지 않았고, 「거지(河原乞食)」라고 하는 멸칭으로 불리는 일도 흔했다. 하물며 사루카이, 고무네와 같은 소규모 예능인들은 말할 것도 없었을 것이다.

소규모 예능인을 에타가시라의 영향하에 있었던 피차별민이라고 한다면, 지진이나 화재, 기근 당시에 마치카이쇼가 운영하는 공적인 임시구제소의 구호를 받기는 어려웠을 것으로 보인다. 그렇다고 에타가시라, 히닌가시라의 도움을 받았다는 기록도 보이지 않는다. 예능인들은 자신들의 예능을 이용해 재해 상황을 극복했으리라 생각된다. 이것이 가능했던 두 가지 이유를 생각해 볼 수 있다.

첫째, 예능집단의 활동이 절이나 신사의 간진(勧進), 가이초(開帳)와 맞물려 있다는 점이다. 화재나 지진 이후의 복구활동에 따른 간진이나, 연례행사인 가이초는 에도는 물론 교토, 오사카의 대도시에서 끊임없이 행해졌다. 2절의『부코넨표』의 기사에서도 보았듯이 장마와 기근에도 「사가카이초」가 열렸고, 납량 행사가 있었으며, 공연이 이루어지고 있었다.

둘째, 예능집단은 평민과는 달리 정주하지 않고 전국을 유랑했기 때문이다. 화재, 지진과 같이 국소적인 피해를 일으키는 재해를 피해 타지역으로 이동해 생업활동을 할 수 있었기 때문이다.

규모가 큰 가부키의 경우에도 마찬가지였다. 가부키극장이 도산하거나 화재, 지진으로 인해 공연이 불가능할 수도 있다. 그러면 극장에 속한 배우와 관계자들은 생계의 위협을 받을 수도 있을 것이다. 실제로 1782년부터 7년간 계속된 덴메이기근(天明大飢饉)과 이를 극복하기 위한 막부의 긴축재정인 간세이개혁(寬政改革, 1787~1793년)으로 인해 재정난이 심해진 가부키 극장이 파산하는 일이 벌어졌다.

본래 막부는 에도에 나카무라자(中村座), 이치무라자(市村座), 모리타자(森田座)의 3개 극단의 대표(座本)에게만 공연을 허락했다.[15] 치안 유지를 위해 더 많은 극장이 늘어나는 것을 방지하기 위해서였다. 공연을 할 수 있는 권리를 「야구라권(櫓権)」이라고 하고, 이 권리는 대대로 극단 대표에게 세습되었다. 그러나 흥행 부진 등을 이유로 극단이 파산하면 이 권리를 다른 극단대표에게 빌려줄 수 있었다.

기근과 개혁으로 나카무라자와 이치무라자, 모리타자가 동시에 파산하자 각각 미야코자(都座), 기리자(桐座), 가와라자키자가 공연권을 빌려와 공연을 이어갔다. 극장의 도산하더라도 돈이 되는 공연을 계속하려는 사람들이 있었고, 가부키 관계자들은 경제적인 어려움 없이 생활을 계속할 수 있었다.

당시 가부키의 계약 관습 역시 극장보다는 배우들에게 유리했다. 당시 에도의 배우들은 1년 단위로 극장과 계약했다. 따라서 계약을 맺고 있던 극단이 파산하더라도 새로운 극단과 계약을 맺으면 생계에는 문제가 없었다. 덴메이기근과 간세이개혁으로 극단이 파산하더라도 에도 가부키 배우들은 공연을 이어가고 급료를 받을 수 있었다.[16]

---

15 본래 야마무라자(山村座)를 포함 4개의 극장이었으나, 1714년 야마무라자 극장은 에지마이쿠시마 사건(江島生島事件)과 연루되어 단절되었다. 이후 3개 극장 체재가 유지되었다.
16 1794년 가부키 관계자들은 막부에 「三芝居狂言座取締方証文」을 제출했다. 가

지진이나 화재로 인해 극장이 전소하더라도 가부키 배우들은 생계에 큰 어려움을 겪지는 않았다. 새로운 극장이 들어서는 동안 에도의 다른 극장이나 오사카, 교토의 극장으로 자리를 옮겨 공연을 이어나갔다. 1년 계약도 이런 경우에는 묵인되었다. 예를 들어 1841년 10월 나카무라자와 이치무라자가 화재로 전소된 사건이 있었다. 화재에서 유일하게 피해를 입지 않았던 가와라자키자는 다른 극장과 계약을 맺었던 당대 최고의 배우 이치카와 에비조(市川海老蔵), 즉 7대 이치카와 단주로(市川団十郎)를 가와라자키자의 무대에 올려 큰 성공을 거둘 수 있었다.[17] 안세이대지진이 발생하자 계약했던 가와라자키자를 떠나 오사카로 돌아간 4대 아라시 리칸(嵐璃寛), 1858년 모리타자가 불에 타자 오사카로 떠난 반도 히코사부로(坂東彦三郎)와 같이 어려움에 빠진 극단을 버리고 새 극단을 찾아가는 것이 당시에는 당연한 일이었다.

가부키의 인기는 역병도 막을 수 없었다. 1858년에 에도에 콜레라가 만연해 화장터에 시신이 넘쳐났던 해에도 가부키는 여느 때와 다름없이 공연을 이어갔다. 오히려 콜레라로 고통받는 모습을 무대에 올릴 정도로 여유가 있었다.

  본 무대 3칸 사이에 다 무너져내린 벽돌담. 오른 쪽에 주목문. 그 옆

부키 관계자들이 자체적으로 기강을 바로잡겠다는 내용으로 총 19개 조문으로 되어있다. 이 중 4조에 극단의 자금이 부족하여 공연을 할 수 없을 경우 배우를 다른 극단으로 보낼 수 있다는 내용이 있다.
17 伊原敏郎(1961)『歌舞伎年表　第六巻』, 岩波書店, pp.438-439.
○十一月十五日より、河原崎座『菅原伝授手習鑑』。スケ海老蔵(略)二番目、七人男大当たり。両座焼失に付き、当座ヘスケの大一座。

에 범자로 흘려쓴 비석. 왼쪽에는 동백꽃 담. 적당한 곳에 소나무. 천
장에서 나뭇가지 장식을 늘어뜨린다. 전체적으로 가마쿠라의 모로코
시가하라의 산마이지 절의 모습. 여기에 탁자를 놓고 석공 헤이로쿠,
조닌의 의상을 입고 아랫부분을 접고 앉아 있다. 와카슈 4명이 등롱
으로 비추고 있다. 탁자 위에는 보자기를 펼쳐놓고 술병을 기울이며
술을 마시고 있다. 장례식 음악이 깔리며 막이 열린다.[18]

인용은『소메와케테 모미지노 에도즈마(染分紅地江戸楼)』(1858년 10월,
나카무라자)의 서막(序幕) 무대 설명(舞台書き) 부분이다. 인용에는 가마
쿠라 모로코시가하라(鎌倉諸越ヶ原)로 되어 있지만, 무대 배경과 시대
를 에도를 피해 가마쿠라시대를 차용했던 당시 가부키의 관습으
로, 실제 무대는 에도의 화장터가 몰려있던 고즈카바라(小塚払)이다.
화장을 기다리는 인부들이 술판을 벌이고 있는 모습은 당시 콜레
라의 희생자들로 넘쳐나던 화장터의 모습이 그대로 재현되어 있
다. 더군다나 화장터 앞에서 술판을 벌이고 있으며 뒤늦게 등장한
승려는 화장을 빨리 치루기 위해서는 뇌물을 바치라는 뻔뻔한 모
습을 보이기도 한다. 역병 상황을 골계적으로 표현하고 있는 것
이다.

---

18 日置貴之(2021)「安政のコレラ流行と歌舞伎」(ロバートキャンベル編『日本古典と感染
症』、角川書店)(Kindle の位置No.4414-4417). 株式会社KADOKAWA. Kindle 版.
本舞台三間の間、崩れかゝりし練塀。上の方、株木門。この傍に髭題目の建石。下
の方、玉椿の生垣。よき所に松の立樹。日覆よりも釣枝。都而鎌倉諸越ヶ原三昧寺の
体。ここに床几を直し、石屋兵六、町人羽織尻端折り、若衆四人弓張提灯をとぼし、
床几の上に切溜の包を開き、徳利にて酒盛をして居る見得。弔ひ鳴物にて幕明く。

가부키 배우들 역시 역병에 목숨을 잃는 자들도 있었지만, 재해 상황에서도 좌절하지 않고 무대에 섰다. 이는 안세이대지진으로 유곽이 불에 타자 에도 시내로 도망 나와 몸을 팔던 유녀들의 모습과 대조적이다. 유곽과 가부키 극장은 막부로부터 2대 악소(悪所)로 취급되어 규제를 받아왔다. 하지만 비교적 자유롭게 장소를 옮겨가며 예능 활동을 했던 가부키 배우에 비해 정해진 장소를 벗어날 수 없었던 유녀의 차이라고 할 수 있겠다.

가부키 배우들을 위협했던 것은 기근과 역병, 화재와 같은 재해가 아니라 사치와 거액의 급료 제한을 했던 막부의 탄압이었다. 막부는 배우들의 연봉을 500량 이하로 줄이려고 규제했지만,[19] 실제로는 800량에서 1000량을 받는 배우들이 적지 않았다. 덴포개혁으로 인해 1842년 에도에서 추방을 당한 7대 이치카와 단주로 역시 사치가 죄명이었다. 같은 해에 가부키 배우들에게 내려진 명령은 경제적으로 윤택하고 서민들의 지지를 받았던 가부키 배우들의 신분을 자각하게 하는 것이었다.

　　신분을 살펴보지 않고 그에 상응하지 않는 사치를 부리는 등의 행동을 하는 등 괘씸한 행동이 이루 말할 수 없다. 이후 다른 곳에 사는 사람들과 같이 있어도 안 되고, 사루와카초에서 이동을 해서 왕래를 해야할 때에는 춥거나 덥거나 할 것 없이 삿갓을 써야 한다. 일반 사람들과 교제하는 것도 금지한다.[20]

19　주 17) 「三芝居狂言座取締方証文」에 급료를 밝히고 있다.
20　「三芝居歌舞妓者共へ」, 인용은 郡司正勝(2000) 『かぶき 様式と伝統』, 筑摩書房,

주거지를 제한하고 거주지를 벗어날 때는 얼굴을 가리는 삿갓을
써야만 했으며, 평민들과 교제를 금지하는 위 명령은 가부키배우
에 대한 위정자들의 차별 인식을 다시 확인하는 것이었다.

5. 총차별의 시대

임시구제소의 설치와 운영에서 보듯 일본 근세시대의 빈민구제
제도는 효과적으로 작동하고 있었다. 특히 막부는 「7부적금(七分積
金)」이라는 에도 조닌들의 자금을 이용한 빈민구제 시스템을 안정
적으로 운영했다. 하지만 문제는 이런 제도 밖의 사람들이었다. 신
분제 사회였던 에도에서 에타와 히닌, 예능인은 에도의 안정적인
시스템의 보호를 받지 못했다. 이는 마치 2020년 코로나19의 피해
를 보전하기 위한 「특별정액급부금」이 노숙자들에게 도달하지 못
하는 상황과 비슷하다. 그러나 본문에서 살펴보았듯 에도시대의
피차별민들은 에타가시라를 정점으로 하는 그들 나름대로 신분제
안에서 재해 상황을 극복했음을 알 수 있다.

오이시 신자부로(大石慎三郎)는 에도시대를 차별이 아닌 「총차별의
시대(総差別の時代)」[21]라고 칭한다. 사농공상의 신분제가 표면적으로

---

p.243
身分をも不顧不相応之奢に長し候趣相聞不埒之至りに候。向後他所住居者不相成
候間、一同猿若町より引移往来致節者共寒暑編笠を相用統て素人と立交り候儀は難
相成候
21 斎藤洋一・大石慎三郎(1995)『身分差別社会の真実 新書・江戸時代の真実②』、講

는 존재하지만, 무사는 무사라는 신분제 안에서 피라미드형의 신분제가 다시 존재하고, 농민도 공인도 상인도 각각의 신분 안에서 차별과 구분이 있다는 것이다. 오이시는 무사가 농민에게 했던 차별과 구분보다 같은 계급 안에서의 구분이 더 컸다고 지적하고 있다.

에도의 공적인 빈민구제는 막부의 통제가 있었지만 운영 면에서는 조닌의 활약이 컸다. 즉 조닌이 조닌의 빈민구제에 앞장서 있었다고도 볼 수 있다. 피차별민의 경우도 에타가시라를 중심으로 피차별민들을 재해 상황에서 통제했음을 생각해볼 수 있다. 기근과 같은 재해 상황에서 히닌의 수가 늘어나는 것은 역설적으로 보면 히닌이라는 신분계급이 기근 상황에서 삶의 다른 부분을 희생해 목숨을 부지할 수 있는 하나의 수단이었음을 유추할 수 있다. 나아가 또 다른 피차별 계층인 에타의 경우 재해의 영향을 덜 받는 기술직이었기 때문에 농민에 비해 재해 상황에서도 경제적인 여유가 있었을 것이다. 특히 피혁가공과 게타(下駄)와 같이 무구(武具)와 생필품을 지배층과 평민에게 제공하는 에타의 생업은 재해 속에서도 안정적인 경제활동 영위가 가능했을 것이다. 예능인 역시 역병 퇴치나 부흥을 위한 가이초, 공연 등이 끊이지 않았기에 재해는 오히려 기회였을 것이다.

한편 「거지(河原乞食)」라고 멸시를 받으면서도 압도적인 경제력을 갖고 있던 가부키 배우들은 재해 구제의 회색지대에 존재했다. 가

談社, p.3.

부키 산업 자체가 일반인들과는 비교가 되지 않을 정도로 규모가 컸다. 예를 들어 1793년 나카무라자와 이치무라자가 파산했을 때 적자 규모는 각각 50만량이었다.[22] 1량에 쌀 1섬(石)이라고 하면 두 극장의 적자 규모를 합치면 100섬 정도이다. 에도시대 다이묘(大名)의 기준이 100섬이고, 1년 기준으로 하급무사(足軽)의 평균 급료가 8.6량인 것[23]과 비교하면 가부키 업계에서 얼마나 많은 돈이 회전되었는지 짐작할 수 있다. 가부키는 극장이 화재로 소실되거나 지진으로 무너지지 않는 이상 기근이나 역병과 같은 상황에도 공연을 계속해 왔다. 설령 지진이나 화재로 극장이 소실되어도 인기 배우들은 지역을 옮겨 공연을 계속해왔다. 지명도가 낮은 가부키 배우들은 전국을 떠도는 유랑공연(旅芝居)을 이어갔다. 비교적 재해에서 자유로웠던 것이다.

22 渡辺保(2009)『江戸演劇史 下』, 講談社, p.158.
23 住本健次(1998)『差別と迷信』, 仮説社, p.42.

| 참고문헌 |

伊原敏郎(1961)『歌舞伎年表 第六巻』, 岩波書店, pp438-439.

兼田充외(2021)「コロナ禍における特別定額給付金の家計消費への影響－家計簿アプリデータを用いた実証分析－」

菊池勇夫(2009)「荒歳流民救恤図」(『予防時報』第236号)

_____(2019)「江戸に向かう奥羽飢人―天保七・八年を中心に―」『キリスト教文化研究所研究年報 : 民族と宗教』53号, p.2.

郡司正勝(2000)『かぶき 様式と伝統』, 筑摩書房, p.243.

斎藤月岑(1912)『武江年表』国書刊行会編.

住本健次(1998)『差別と迷信』, 仮説社, p.42.

高橋貞樹(1992)『被差別部落一千年史』, 岩波書店, p.132.

西山松之助외 편(1994)『江戸学事典』, 弘文堂, p.208.

日置貴之(2021)「安政のコレラ流行と歌舞伎」ロバートキャンベル編『日本古典と感染症』, 角川書店(Kindleの位置No.4414-4417). 株式会社KADOKAWA. Kindle 版.

丸本由美子(2013)「加賀藩救恤考―非人小屋を中心に―」, 京都大学博士論文(法学)

渡辺保(2009)『江戸演劇史 下』, 講談社, p.158.

'가쿠레키리시탄' 신앙의 혼종성

이키쓰키시마(生月島)를 중심으로

최 규 리 · 박 용 구

1. 머리말

'나가사키와 아마쿠사 지방의 잠복키리시탄 관련 유산'(長崎と天草地方の潛伏キリシタン関連遺産, 2018년 7월)이 '메이지 일본의 산업혁명 유산'(明治日本の産業革命遺産製鉄・製鋼、造船、石炭産業, 2015년 7월)에 이어 나가사키 현에서 두 번째로 유네스코 세계문화유산에 등록되었다.

그 영향으로 코비드19가 유행하기 직전까지 나가사키 시의 관련 지역 관광객수는 급증하고 있었다. 등록 직후인 2018년 7월 한 달 동안 관광객수는 58,843명으로 전년 동기 대비 47% 늘었다. 구성 자산별로 보면 가스가(春日)취락이 1,445명으로 11배, 에가미(江上)

취락이 1,254명으로 6배, 오노(大野)교회당이 930명으로 3배를 넘었다.[1] 또한, 2018년 7월부터 2019년 5월까지의 관광객은 883,000명으로 전년 동기 559,000명의 약 1,6배를 기록했다.[2]

두 유산 모두 두 번 다시 일어나서는 안될 교훈을 담은 '부(負)의 유산'임과 동시에 공교롭게도 우리나라와도 관련되어 있는 점이 흥미롭다. 주지하다시피 메이지 일본의 산업혁명 유산 속에 포함되어 있는 일명 군칸지마(軍艦島)탄광은 일제 강점기에 강제 동원당한 우리나라 피해자들이 굶주림과 위험 속에서 하루 12시간 이상 채탄 작업에 시달린 곳이다. 나가사키와 아마쿠사 지방의 잠복키리시탄 관련 유산에는 임진왜란 이후 전쟁 포로로 일본에 끌려간 조선인 가톨릭 신자가 연루되어 있었다는 기록들이 전해지고 있다.

예를 들어 박희진(2005), 박양자(2008)에 의하면 우리나라에서도 가톨릭 순교자가 나오기 전이었던 17세기 초엽 이미 일본에서 가톨릭 신자가 된 후 순교하여 시복·시성 서품에까지 포함된 조선인이 있었다고 한다. 박정배(2011)는 이키쓰키시마를 비롯해 나가사키 각지에 있는 교회 순례기를 다루었다. 17세기 일본의 기독교 박해 상황 속에서 포르투갈 예수회 신부 토마스 페레이라(Tomás Pereira)의 배교를 다룬 엔도 슈사쿠(遠藤周作)의『침묵』에 대해서는 공문혜 옮김(2005)과 조사옥(2014), 사카노 유스케(阪野祐介, 2013) 등 다수의 연구 논문이 나와 있다. 강귀일(2019)은 세계문화유산 등록 후 최

---

1 世界遺産の潜伏キリシタン施設観光客急増信仰と共存が課題 | 長崎新聞(nordot.app)
   (검색일: 2022.5.10).
2 世界遺産登録から1年 「長崎と天草地方の潜伏キリシタン関連遺産」,地域に広がる 活気と笑顔観光客1.6倍全資産で増加 | 長崎新聞(nordot.app)(검색일: 2022.5.10).

근 동향을 현지 조사를 통해 실감있게 전하고 있다. 잠복키리시탄에 대한 본격적인 학술연구로는 통회의 기도(こんちりさんのおらしよ)에 나타난 교리를 다룬 김병락·안병곤(2014년 5월), 세례를 다룬 김병락·안병곤(2014년 11월), 혼인성사를 다룬 김병락·안병곤(2015), 잠복키리시탄의 칠성사(七聖事)를 다룬 김병락(2017) 등이 주를 이룬다.

이처럼 우리나라에서 일본의 기리시탄[3] 및 그 후예들에 대한 연구는 양적으로 빈약할 뿐더러 그마저도 선교 활동이 금지되었던 금교기 기리시탄에 대한 내용들이 대부분이다. 반면 일본 현지에서는 이들에 대한 연구가 심도 있게 진행되어 왔는데, 기리시탄 및 그 후예들에 대한 표기를 어떻게 할 것인지, 기리시탄 신앙의 성격을 어떻게 규명할 것인지가 주요 쟁점을 이루고 있다 할 수 있겠다.

먼저, 미야자키 겐타로(宮崎賢太郎, 2008)에 의하면 일본의 가톨릭사는 가톨릭이 전래된(1549) 이후 일본내에 선교사가 한 명도 남지 않게 된(1644) 기리시탄시대, 그 후 해금(1873)까지의 잠복시대, 해금 후의 부활시대로 나눌 수 있다. 그리고 잠복시대의 기리시탄을 잠복키리시탄, 부활시대의 기리시탄은 가톨릭신자로 돌아간 부활키리시탄과 잠복시대의 신앙을 계속해서 이어간 '가쿠레키리시탄(カクレキリシタン)'으로 구분하고 있다.

금교기의 기리시탄을 잠복키리시탄이라 부르는 것에 대해서는

---

3 일반적으로 일본에 가톨릭이 전래된 이후부터 메이지 초기까지 금교기의 가톨릭 신자 혹은 가톨릭을 가리킨다. キリシタンとは―コトバンク(kotobank.jp)(검색일: 2022.5.10). 독특한 일본의 기독교사를 반영한 말이라고 생각하여 이 논문에서는 이 용어를 그대로 살리고, 금교가 해제된 이후에도 여전히 금교기의 신앙형태를 이어간 사람들까지 포함하는 포괄적 의미로 사용하기로 한다.

다른 연구자들도 대체로 뜻을 같이하고 있지만, 부활 이후의 기리시탄에 대한 표기에 대해서는 후루노 기요토(古野淸人, 1959)와 고노이 다카시(五野井隆史, 1997)는 '隱れキリシタン', 가타오카 야키치(片岡弥吉, 1978)와 나카조노 시게오(中園成生, 2018)는 'かくれキリシタン'이라 표기하고 있다. 미야자키의 가쿠레키리시탄이 커밍아웃한 상태, 隱れキリシタン이나 かくれキリシタン은 신앙의 은닉 상태를 강조하는 입장을 반영한 것이다. 이들 차이는 단지 표기의 차이에 그치지 않고 기리시탄 신앙의 정체성(3장 2장에서 상술함)에 대한 각 연구자들의 시각을 반영한 것이다. 가쿠레키리시탄 신앙의 혼종성에 대해서 미야자키는 가톨릭의 한 분파가 아닌 일본의 민속종교론, 후루노, 가타오카, 고노이는 가톨릭과 토착신앙이 섞인 혼성종교론, 나카조노는 가톨릭과 토속신앙이 혼성화하지 않고 나란히 존재한다는 신앙병존론의 입장을 개진하고 있다. 이 논문에서는 금교령으로 인해 자신의 신앙을 숨길 수밖에 없었던 잠복키리시탄과 해금으로 인해 종교의 자유가 주어졌음에도 불구하고 가톨릭을 택하지 않은 기리시탄을 동일시 할 수 없다는 입장을 견지해서 부득이한 경우가 아니면 후자를 가쿠레키리시탄으로 표기하였다.[4]

일본 정부와 나가사키 시는 '나가사키와 아마쿠사 지방의 잠복키리시탄 관련 유산'을 세계문화유산에 등록시켜 해당 지역 사회와 경제의 활성화를 꾀하고자 하고 있지만, 가쿠레키리시탄 신앙의 정체성을 둘러싼 복잡한 논란에 비추어볼 때 이 등록은 심각한

---

4 따라서 한국어 표기가 똑같이 가쿠레키리시탄이 되는 隱れキリシタン이나 かくれキリシタン을 지칭할 때는 일본어 원어를 그대로 사용하여 표기하기로 한다.

문제를 안고 있다. 유네스코는 이 유산이 세계문화유산에 선정될 수 있었던 이유를 "2세기 이상에 걸친 금교 정책 아래에서 은밀하게 그리스도교를 전한 사람들의 역사를 말해주는 유례없는 증거다. … 근대에 들어와 금교가 해제된 후 그들의 종교적 전통이 어떻게 변용되고 종언을 맞이해 갔는지를 나타내고 있다"[5]라고 밝혔다. 그러나 잠복키리시탄을 그리스도교를 '전한 사람들'에 한정시키고, 해금 후 그 종교적 전통이 '종언을 맞이해 갔다'는 것은 유네스코의 일방적인 선언으로서 사실에 반한다. 비록 가쿠레키리시탄 신앙의 정체성을 둘러싼 논란이 민속종교론, 혼성종교론, 신앙병존론 등 복잡하게 전개되고 있다고는 할지라도 그 속에 신도, 불교, 민속이라는 일본의 토착신앙과 가톨릭이 공생하고 있다는 점은 부인할 수 없다. 또한 해금 이후 종교의 자유가 있었음에도 불구하고 가톨릭을 택하지 않고 그들의 독자적인 신앙생활을 유지해나가고 있는 가쿠레키리시탄들이 150년이 지난 지금까지도 존재하고 있는 것도 엄연한 사실이다.

2017년 가을에서 2018년 봄까지 이키쓰키시마를 취재한 히로노 신지(広野真嗣)는 'PR을 위해 나가사키 현이 만든 팜플렛에는 "최후의 かくれキリシタン이 사는 섬"의 존재가 슬그머니(こっそり) 지워져 있다.…이 신앙이 가톨릭 주류로부터 금기시되어 왔음을 알았다. 대체, 왜?'라고 그 문제점을 갈파했다.[6] 그 이유에 대해 히라도(平戸)시

---

5 顕著な普遍的価値の言明 | 長崎と天草地方の潜伏キリシタン関連遺産 (kirishitan.jp)
(검색일: 2022.5.10).
6 消された信仰「最後のかくれキリシタン」―長崎・生月島の人々 | 書籍 | 小学館
(shogakukan.co.jp)(검색일: 2022.5.10).

이키쓰키초 섬박물관(島の館)의 나카조노 학예원은 "나가사키 현은 かくれキリシタン의 존재에 대한 기술을 굳이 피하고, '지우고자 한 것'으로 보인다. 왜냐하면 지금까지 해 온 기리시탄사의 설명과 정합성이 맞지 않기 때문'[7]이라고 인터뷰에 응했다.

　일본 정부·나가사키 현과 유네스코는 자신들의 입맛에 맞추어 가쿠레키리시탄 신앙의 본질을 왜곡시켰다. 본고에서는 1873년 해금 이후 종교의 자유가 주어졌음에도 잠복키리시탄의 절반 가량[8]이 가톨릭을 선택하지 않은 이유가 무엇일까? 일본 정부와 나가사키 현, 유네스코가 왜 이키쓰키시마 가쿠레키리시탄의 신앙을 외면했을까?라는 물음에 대해, 이키쓰키시마 가쿠레키리시탄 신앙의 본질 규명을 통해 살펴보고자 한다. 이키쓰키시마에 연구범위를 한정시키는 이유는 소토메(外海)나 고토(五島) 등 지역마다 가쿠레키리시탄 신앙이 조금씩 차이를 보이는 가운데, 이키쓰키시마에서는 대부분이 잠복키리시탄의 신앙 형태를 이어 왔고,[9] 가장 많은 가쿠레키리시탄 조직이 남아 있었을 뿐만 아니라 신앙형태도 가장

7　広野真嗣(2018)『消された信仰: 「最後のかくれキリシタン」―長崎・生月島の人々』、小学館、p.9.
8　잠복키리시탄 중 과반이 부활키리시탄이 되었고 나머지는 잠복 신앙의 습속을 이어가거나 신도나 불교로 개종했다고 한다. 김병락(2017)「잠복 기리시탄의 전승 성사(聖事) 연구」, 경상대학교대학원 일본학과 박사논문, p.9.
9　주민 대부분이 가쿠레기리시탄이었던 이키쓰키시마에서는 1990년경 약 20개 가쿠레기리시탄 조직이 있었고, 세대수로는 약 300세대였다. 2010년에 이르러서는 겨우 2-3개 조직의 90여 세대만 남게 되었고 2019년 현재는 유지되고 있는 조직이 전무한 것으로 보인다고 한다. 강귀일『숨은 그리스도인의 침묵―나가사키·아마쿠사 잠복(潛伏)기리시탄 문화유산 답사기』, 동연, 2019, p.189. ; 이키쓰키시마에서는 오늘날의 가톨릭과 구별할 필요가 있는 경우에는 가톨릭을 신기리시탄(신교), 자신들을 구기리시탄, 古기리시탄(구교)이라 부르기도 한다고 한다. 生月島のキリシタン文化、島の館(archive.org)(검색일: 2022.5.10).

토속종교적인 색채를 띄고 있었기 때문이다.[10]

2. 가톨릭 금교와 해금

금교기 잠복키리시탄의 신앙형태는 유네스코로부터도 '특정 문화적 전통 또는 문명의 존재를 전승하는 물증으로서 무이(無二)한 존재(적어도 희소한 존재)'로 인정받았다.[11] 해금을 전후해서 잠복키리시탄은 부활키리시탄과 가쿠레키리시탄으로 분화했다. 가쿠레키리시탄의 탄생 배경을 이해하기 위해 먼저 일본에서 가톨릭의 금교와 해금 과정을 살펴 보기로 한다.

2-1. 금교와 잠복키리시탄

1549년 예수회 선교사 프란시스코 사비에르(Francisco Xavier)는 가고시마(鹿児島)항에 입항하여 야지로(弥次郎)의 통역을 통해 포교를 시작했다.[12] 이후 속속 들어온 선교사들의 선교 활동과 남만(南蛮)무역의 이익을 노려 가톨릭 신자가 된 영주들, 그리고 그 가신들을 통해 가톨릭은 전국으로 교세를 확장해 나갔다. 개종한 영주들은 기리시탄영주로 불리며 선교사들의 활동을 적극적으로 도왔다. 규슈지

---

10 明治の禁教解除とカトリック信仰、島の館(archive.org)(검색일: 2022.5.10).
11 顕著な普遍的価値の言明 | 長崎と天草地方の潜伏キリシタン関連遺産 (kirishitan.jp)
    (검색일: 2022.5.10).
12 渋谷申博(1996)『日本教史のすべて』、日本文芸社、pp.206-207.

방의 기리시탄영주로서는 오무라 스미타다(大村純忠), 아리마 하루노부(有馬晴信), 오토모 소린(大友宗麟)을 꼽을 수 있다.[13]

처음에는 가톨릭 선교에 대해 우호적이었던 도요토미 히데요시(豊臣秀吉)는 기리시탄영주들이 그들의 영지를 예수회에 헌납하거나, 영민들을 가톨릭으로 집단개종시키거나, 개종한 영민들을 예수회 선교사들이 노예로 수출한다는 보고를 받고 하카타(博多)에서 선교사 추방령(1587)을 내린 후 예수회에 헌납된 나가사키를 몰수하여 직할령으로 삼았다. 그럼에도 불구하고 도요토미는 남만무역은 포기할 수 없어 추방령을 철저히 강제하지는 않았다. 그러나 1596년 일어난 스페인선 표착사건을 계기로 선교사가 스페인 영토 확대 임무를 띠고 있다는 보고를 받은 도요토미는 격노하여 1597년 프란시스코회 수도사 6명을 포함한 26명의 기리시탄을 처형했다.[14]

도요토미의 뒤를 이어 에도(江戸)막부를 연 도쿠가와 이에야스(德川家康)도 처음에는 포르투갈, 스페인과의 무역을 계속하기 위해 선교 활동이나 일본인의 가톨릭 신앙을 묵인했다. 이 때문에 17세기 초에는 가톨릭 신자가 60-70만에 달했다고 한다.[15] 그러나 1614년 오사카(大坂)전투을 앞두고 막부 내부의 권력다툼을 배제하고 도쿠가와 봉건체제를 공고히 하기 위해 전국적으로 가톨릭 금교령을 내렸다. 이 금교령에 의해 교회는 파괴되고 선교사는 국외로 추방당했으며 기리시탄영주들은 모두 가톨릭을 포기할 수밖에 없었다.

13　キリシタン大名 ― Wikipedia(검색일: 2022.5.10).
14　Laudate | 日本のカトリック教会の歴史 (pauline.or.jp)(검색일: 2022.5.10).
15　김병락, 앞의 박사논문, pp.26-28.

1637년에는 영주의 폭정과 기근을 계기로 기리시탄 농민들이 가혹한 세금으로부터의 해방과 기리시탄 신앙 부활을 내걸고 하라성터(原城跡)에서 농성을 벌인 시마바라·아마쿠사 봉기(島原·天草一揆)가 일어났다. 4개월에 걸친 공방 끝에 이들은 막부군에 의해 거의 전멸했지만 충격을 받은 막부는 가톨릭을 커다란 위협으로 간주해 1639년 선교사 잠입 가능성이 있는 포르투갈선을 추방하고 쇄국정책에 돌입했다. 유럽과의 교역은 선교 활동에 대한 걱정 없이 무역이 가능한 개신교의 네덜란드에만 한정시켰다.

금교정책 하에 에도막부는 마리아상을 밟고 지나가게 하는 에부미(絵踏), 다섯 명 단위로 상호감시하여 밀고하게 하는 오인조(五人組) 연좌제, 모든 일본인을 절의 신자로 등록시키는 데라우케제도(寺請制度), 전국에 붙은 현상 수배방(高札)을 통해 잠복키리시탄 색출을 강화해 나갔다. 그 결과 1617년부터 1644년까지 사이에 75인의 선교사와 1,000명 이상의 잠복키리시탄이 처형당했다.[16] 결국 1644년에는 최후의 선교사였던 고니시만쇼(小西マンショ)가 순교함으로써 남겨진 기리시탄들은 민중 차원의 신앙공동체를 유지하면서 잠복하여 신앙을 이어가게 되었다.

특히 가톨릭 전래 당시 가장 집중적으로 선교가 이루어진 나가사키와 아마쿠사 지방의 기리시탄 공동체는 독자적으로 신앙을 실천할 방법을 모색하고 있었다. 선교사가 없었던 잠복시대에는 콘프라리아(信心講·組)[17]가 신앙 유지를 위한 조직이 되었다. 콘프라리

---

16 (Ⅰ)宣教師不在とキリシタン「潜伏」のきっかけ | 長崎と天草地方の潜伏キリシタン関連遺産(kirishitan.jp)`(검색일: 2022.5.10).

아는 1580년대에 이미 도입된 것으로 신심고양, 상호부조, 자선구제를 목적으로 한 조직이다. 예를 들면 각지에서 나가사키로 추방된 기리시탄이나 빈자 보호, 매주 일요일 기리시탄을 돌보고 사자를 매장했다. 부재한 선교사를 대신하여 세례를 해주는 조직의 최고 권위자로서 세습직인 미즈카타(水方)와 그 조수역인 기키야쿠(聞役)를 비롯해 매년 축일을 정하고 비전을 전승하는 조카타(帳方) 등의 직무를 담당하는 독자적인 지도체계를 확립하고 이를 신앙 전승의 기반으로 삼았다.[18] 또한 탄압을 피하기 위해 지하나 동굴에서 예배를 드렸다. 시간이 지나면서 가톨릭 서적을 이해하지도 못한 채 조상 대대로 내려오는 중요한 것이라 여겨 암기하여 주문처럼 읊으면서 다음 세대로 전승해 나갔다.[19]

2-2. 해금과 가쿠레키리시탄

1858년 에도막부는 영국·미국·러시아·프랑스·네덜란드와 통상조약을 체결하고 다음 해에 하코다테(函館), 요코하마(橫浜), 고베(神戸), 니가타(新潟), 나가사키(長崎)를 개항했다. 나가사키에서는 1864년 오우라텐슈도(大浦天主堂) 준공을 계기로 우라카미(浦上)의 잠복키리시탄들이 프티잔(Bernard-Thadée Petitjean)신부를 찾아오는 소위 '신도발견'이 발생했다. 즉, 1865년 3월 우라카미 주민 10여 명이

---

17 宮崎賢太郎(2006)『カクレキリシタン オラショ−魂の通奏低音』、長崎新聞社、p.30.

18 Laudate、日本のカトリック教会の歴史(pauline.or.jp)(검색일: 2022.5.10).

19 鈴木範久(2017)『日本キリスト教史』、教文館、p.47.

오우라텐슈도를 방문하면서 잠복 키리시탄들의 존재가 일본 국내
외에 알려지기 시작한 것이다. 방문한 사람 중 한 중년 여성이 제단
앞에서 기도하고 있던 프티잔신부에게 다가가 '우리의 신앙은 당
신의 신앙과 같습니다'라고 속삭이며 자신들이 가톨릭신자임을 고
백하였다. 그들은 성모상이 있고 신부가 독신임을 보아 틀림없이
가톨릭교회라고 확신하고 자신들이 박해를 견디면서 대대로 가톨
릭신앙을 지켜온 사람들임을 고백하였고 프티잔신부는 감격에 겨
워했다고 한다.[20] 2014년 프란시스코(Francesco)교황은 '세례가 그들
을 그리스도 안에서 한 몸으로 만들었기 때문에 고립되어 숨어 살
았지만 언제나 하느님 백성의 일원이었다'고 당시의 신도발견에
대해 회고했다.[21]

그 후 잠복키리시탄들은 가톨릭으로 돌아가겠다고 관리들에게
알렸는데, 여전히 금교령이 발령중이라 1867년 최후의 대규모 기
리시탄 박해인 네 번째 우라카미 검거(浦上四番崩れ)[22]가 발발했다. 이
검거 이후 664명의 순교자를 낸 후 이윽고 1873년 금교가 해제되
기에 이르렀다. 메이지정부가 해금령을 내린 것은 아니지만 에도
막부 시대에 전국에 내건 기리시탄 현상 수배방을 철폐하여 선교
활동을 묵인함으로써 자연스레 해금된 것이다.

해금을 맞이한 잠복키리시탄들은 교회로 복귀한 부활키리시탄,

---

20 浦川和三郎(1945)『浦上切支丹史』、全国書房、pp.50ff, 63ff。1973年 国書刊
   行会에서 復刻.
21 教皇フランシスコ의2014年1月15日의一般謁見演説(검색일: 2022.4.19).
22 【おらしょ通信】vol.291「浦上四番崩れ」| 長崎県 (pref.nagasaki.jp)(검색일: 2022.
   5.10).

잠복시대의 습속을 이어가는 가쿠레키리시탄, 불교나 신도의 신자
가 된 자 등 세 부류로 나뉜다. 정확한 숫자를 알 수는 없지만 다기
타 고야(田北耕也)는 1950년을 전후해서 약 3만명의 가쿠레키리시탄
신도가 있었을 것으로 추정했다.[23] 1998년 이키쓰키초의 총인구
약 8500명 중 가쿠레기리시탄 신도는 1000명 정도로 추정되고,[24]
2000년대 들어서는 지방 과소화나 고령화에 따른 후계자 부족, 생활
양식의 세속화 등에 의해 가쿠레키리시탄 수는 급감하고 있었다.[25]

3. 이키쓰키시마의 토착신앙과 가톨릭의 혼종성

이키쓰키시마에서는 1868년 요시다 치요하루(吉田千代治)의 선교
를 기점으로 가톨릭 선교가 재개되었고 페일신부는 야밤에 장롱
속에 숨어 생활하면서 포교를 행하다 해금을 맞이하였다. 대부분
의 잠복키리시탄들은 여전히 포교에 대한 공포를 가지고 있었을
뿐만 아니라 자신들이 지켜 온 신앙의 형태와 주변에서 들려오는
가톨릭신앙의 차이로 인해 당혹감을 감출 수 없었다고 한다.[26] 토
착신앙과 가톨릭의 습합, 그로 인해 형성된 이키쓰키시마의 가쿠
레키리시탄 신앙의 정체성에 대해 살펴보기로 한다.

23 中園成生(2018)『かくれキリシタンの起源－信仰と信者の実相』、弦書房、pp.61-62.
24 島の館(archive.org) 組織
25 宮崎賢太郎(2003)『カクレキリシタンオラショ－魂の通奏低音』、長崎新聞社、pp.44-48.
26 明治の禁教解除とカトリック信仰、島の館(archive.org)(검색일: 2022.5.10).

3-1. 토착신앙과 가톨릭의 습합

(1) 조직[27]

가톨릭에서는 각 지역의 교회에 신자가 직접 속하는 형식을 취하고 있기 때문에 연중행사나 신자의 인생에 관한 통과의례의 대부분은 성당에서 행해지고 의례를 집행하는 자는 신부나 수도원의 성직자에 한한다. 그러나 가쿠레키리시탄 신앙에서는 신자가 조직하는 조(組)가 존재하기 때문에 신부나 수도사가 행하는 의례 가운데 조의 간부 등 일반 신자가 행하는 의례도 많다.

이키쓰키시마의 농업지대인 이치부(壱部), 사카이메(堺目), 모토후레(元触), 야마다(山田)라는 네 곳의 취락에서는 각각 쓰모토(津元), 가이토(垣内)로 불리는 조가 있다. 가이토는 각각 성화상(御前様)을 섬기고, 그 성화상을 제사지내는 집을 쓰모토, 쓰모토의 집주인으로서 성화상에 제사지내는 자를 오야지야쿠(親父役) 또는 고반누시(御番主)라 한다. 또 세례를 주거나 장례식을 담당하는 오지야쿠(御爺役)도 있다. 오야지야쿠는 그 직에 있는 동안 여성과의 성교가 금지되고 부정을 피해야 하기 때문에 세탁도 따로 하는 등 규제가 있다.

가이토는 복수의 콤판야(コンパンヤ) 또는 작은 조(小組)로 나뉘는데 거기서 부적을 모시는 집주인을 미데시(み弟子)라 부른다. 정기적으로(많은 곳에서는 월 1회 일요일) 콤판야의 사람들이 모여서 이타다키(イタ

---

27 組織、島の館(archive.org)(검색일: 2022.5.10).

ダキ) 또는 오시카에(オシカエ)라는 행사가 열린다. 또 미데시는 쓰모토에서 행하는 신앙행사에 야쿠추(役中)라는 직명으로 참가하여 실질적으로 행사를 운영한다.

(2) 신앙

① 신체(神体)

마리아관음상이나 성모마리아가 그려진 족자그림에서 알 수 있듯이 가쿠레키리시탄은 흔히 마리아를 섬기지만 마리아가 누구인지는 전혀 모른 채 섬기고 있다.[28] 가톨릭의 신들은 주지한 바와 같이 성부-성자-성령의 삼위일체의 유일 절대적 존재다. 마리아는 보통 인간으로 숭경의 대상이지 숭배의 대상은 아니지만 실제적으로 마리아는 성모 여신으로 신적인 존재로 숭배된다.

마리아관음상 이외에 지역에 따라 골방신(納戸神)으로서의 또 하나의 마리아상의 토착화가 있었다.[29] 나가사키・소토메・고토의 가쿠레키리시탄 신앙 대상의 중심은 마리아관음상임에 반하여 이키쓰키시마에서 신앙의 대상은 성화상이었다. 성화상은 이키쓰키시마의 수많은 신앙 대상 중에서 최고의 지위를 점했다.[30] 이 성화상들을 골방신이라 부르는데 이는 주고쿠(中国)지방을 중심으로 서일본에 널리 보이는 골방에 모셔진 집안의 신을 가리키는 민속학

---

28 宮崎賢太郎(2018)『潜伏キリシタンは何を信じていたのか』、角川書店.
29 沈薇薇「マリア観音と天草の隠れキリシタン信仰―サンタ・マリア館所蔵資料を中心に―」、『天草諸島の文化交渉研究』、関西大学文化交渉学教育研究拠点、2011、p.42.
30 宮崎賢太郎(1996)『カクレキリシタンの信仰世界』、東京大学出版会、p.203.

의 용어이다.[31] 상자에 넣어서 골방에 숨겨두었기 때문에 골방신이
라 불렸다. 특별한 일이 없으면 보여주지 않았으며 정월 등 사람들
에게 보여줄 때는 부정한 일을 금하고 목욕재계를 해야만 골방신
을 만질 수 있었다.[32]

미야자키는 마리아관음상인지 성화상인지 뭔지도 모르고 그들
이 진심으로 믿고 있는 것은 다름 아닌 조상이라 한다.[33] 즉, 그들에
게 중요한 것은 그 신이 어떤 신인가라기 보다 누가 모시던 신이었
는가라는 점이라는 것이다.

골방신의 모습은 비전되어 오고 있는 족자그림을 통해서 살펴볼
수 있다. 족자그림은 메이지시대에 더해진 것도 일부 있겠지만 대
부분 기리시탄 신앙 당시의 성화에서 유래한 것으로 생각된다.[34]
그러나 현재 가쿠레키리시탄 신앙에서는 막연히 의미 없이 성화상
으로 생각되거나 지역의 순교자 모습으로 인식되고 있다. 족자그
림의 대부분은 세탁(お洗濯)이라 하여 여러 번 덧그려져 현재까지 전
해지는 것인데, 이전 족자그림의 구도를 바꾸거나 생략하여 의복
이나 머리형이 일본풍으로 바뀌거나 십자가가 사라진 것으로 추측
되는 사례도 있다. 그 중에는 한 폭의 그림은 물론 2-3폭이 합쳐진
그림도 있다.

가장 널리 보이는 구도로서는 초승달 위에 성모가 어린이를 왼

31 田北耕也(1954)『昭和時代の潜伏キリシタン』日本学術振興会、pp.260-275.
32 片岡弥吉(1978)『かくれキリシタン─歴史と民族』日本放送出版協会、pp.253-254.
33 宮崎賢太郎(1996), 前掲書, p.208.
34 'お掛け絵の種類' 生月島(長崎県)のキリシタン: ☆kariのつぶやき(seesaa.net)(검색
일: 2022.4.19).

쪽에 안고 서 있는 모습을 한 성모자(聖母子), 왼 쪽에는 등에 날개 돋힌 천사가 무릎을 꿇고 있고 오른쪽에는 성모자가 앉아 있는 수태알림(受胎告知), 동백나무 문양의 기모노(着物)에 두터운 띠를 두르고 작달막한 지팡이(물이 떨어지는 모습)를 가지고 걷는 세례 요한, 금교시대에 부모와 아들이 검거를 피해 섬의 남서 해안 물대 덤불에 숨어 있다가 발견되어 처형당한 후 모시기 시작한 3인 가족도(ダンジク様) 등이 있다.[35]

② 조상 숭배

가쿠레키리시탄의 조상숭배에 관해서는 그들이 외치는 기도문(oratio)에서 엿볼 수 있다. 기도문 속에는 '기리시테(キリスト), 지저스(デウス), 산타마리아(聖マリア), 산지완(聖ヨハネ), 산파브로(聖パウロ)' 등의 이름이 나오는데 이들이 어떤 신인지도 모르고 단지 주문을 외운다. 또한 기도문에는 천국을 의미하는 라틴어 파라이조(paraiso)란 말이 의미 없이 파라이조님(パライゾウ様)이란 신으로, 교회를 의미하는 포르투갈어 에클레시아(ecclesia)가 에클레시아님(エケレンジャ様)으로 암송된다. 신의 이름이 아니지만 그들은 조상으로부터 신이 있을 것이라는 말만 물려받아 그냥 외우는 것이다.[36]

일본의 민중들은 조상 대대로 신세를 진 부처(仏様), 관음(観音様), 지장(お地蔵様), 오곡(お稲荷様) 등 절이나 신사에 모셔진 유래도 잘 모르는 다양한 신과 부처를 숭배해 왔다. 가쿠레키리시탄이 믿고 있

---

35 生月島(長崎県)のキリシタン: ☆kariのつぶやき(seesaa.net)(검색일: 2022.5.10).
36 宮崎賢太郎(2018)、前掲書、p.218.

는 신들도 이들 신과 다를 바 없는 것이다. 다르다고 한다면 단지 '은닉(隠れ)'해 놓은 신이 하나 더 있는 것이고 조상으로부터 물려받은 그 신을 맹목적으로 섬길 뿐인 것이다.[37]

③ 현세 이익 추구

기리시탄 탄압이 시작되자 일부를 제외하고 먼저 개종한 사람은 무사층과 지식인이었다. 일부 민중들은 개종한 영주들로부터 신앙을 버릴 것을 강제당했지만 잠복시대를 거치면서도 기리시탄 신앙을 이어갔다. 민중들에게는 기리시탄 수용도 어느 시대와 마찬가지로 가내안전, 무병평온, 대어·풍작 만족, 장사번성 등 현세 이익적인 것이었다. 가쿠레키리시탄의 신앙도 현세 이익을 추구하는 새로운 신을 하나 보탠 것이지 유일하게 절대적인 기리시탄 신을 따르고 열성적인 가톨릭 신자가 되었다는 의미는 아닌 것이다.

무사들과 지식인층 역시 목숨을 건 전쟁터에서 신과 부처에 살려달라고 매달리는 현세 이익적인 신앙을 가지고 있었다. 싸움은 항상 자력뿐만 아니라 운이나 하늘과 같은 초자연적인 힘에 의해 최종적으로는 좌우되는 것이라고 여겨져 왔다.[38] 예를 들어 포르투갈인의 경이로운 총의 힘을 보고 전국시대 무장들은 총을 요구했다. 가톨릭의 신들도 총포만큼이나 큰 힘을 가진 새로운 신으로 무사들의 마음을 사로잡은 것이다.

---

37 古野清人(1959)『隠れキリシタン』、至文堂、pp.111-115.
38 宮崎賢太郎(2018)、前掲書、p.5.

실제로 일본 최초의 기리시탄영주였던 오무라는 전쟁터로 향할 때 십자가를 세워놓고 여기에 절하고 출진하였다고 한다.[39] 그는 수많은 위험으로부터 자신을 지켜준 금 십자가를 더 효험 있는 십자가와 교환해 주기를 토레스 신부에게 부탁했다.[40] 전쟁터에서는 왼쪽 가슴에는 십자가, 오른쪽 가슴에는 그리스도 수난의 상징인 가시면류관과 못, 등에는 십자가를 그린 갑골을 사용해 온몸을 기리시탄 브랜드로 굳혔다고 한다.

(3) 연중행사

가쿠레키리시탄의 연중행사는 모두 기원(祈願) → 음복잔치(直会) → 연회(宴會)라는 3부 구성으로 이루어진다. 이는 전형적인 신도의 행사구성인데 여러 면에서 가쿠레키리시탄의 연중행사는 가톨릭과 불교보다는 신도에 가깝다.[41]

신도 행사의 음복잔치는 보통 제주, 쌀, 소금, 떡, 야채로 구성된다. 가쿠레키리시탄에게 특징적인 것은 여기에 더해 반드시 회가 사용된다는 점이다. 이에 대해 미야자키는 신도나 불교와는 다른 잠복키리시탄으로서의 비밀스런 저항의 표시일 것이라고 서술했다.[42] 제주는 가톨릭 미사에서 사용하는 포도주(예수의 피), 회는 빵(예수의 몸)의 대용으로 보인다.

---

39 ルイス・フロイス著、松田毅一・川崎桃太訳『日本史』第六巻、中央公論社、1978、
    p.313.
40 上掲書、p.38.
41 宮崎賢太郎(2006)、前掲書、p.98.
42 宮崎賢太郎(2008)、前掲書、p.101.

연중행사는 신도, 불교, 민속과 관련 있는 토속적인 것과 가톨릭과 관련된 것으로 나누어 볼 수 있는데, 그 중 토속적인 것으로서는 정월 행사(元日の祭), 골방신 장식(納戸神のお飾り), 종무식(年中終い), 벼 봉납(初穂上げ) 등을 꼽을 수 있다. 정월 행사는 1월 1일 아침 지정된 가쿠레키리시탄의 집에 세대주들이 모여서 행하는 것이다. 쓰모토·가이토에서는 조원인 신자가 성화상를 참배하는데 성화상은 정월 3일 경까지 모신다.[43] 친구들에게 오징어를 선물하고 술·밥·생선을 공양할 때 기도문을 외친다.[44] 골방신 장식은 1월 1-3일, 골방이나 상자에서 골방신을 꺼내 등롱, 촛불, 공양물을 준비하여 참배하는 것이다.[45] 종무식은 가이토가 1년을 무사히 지낸 것에 대한 감사와 간부들이 무사히 근무를 마친 것을 감사하는 날이다. 정월 대보름 가까운 적당한 날에 행한다.[46] 벼 봉납이란 아침, 저녁으로 그 해에 첫 수확한 벼를 신단이나 불단에 바치는 것이다. 그러나 기도문과 회가 있다는 점에서 불교적인 것과는 다른 특징을 지니고 있다.[47]

가톨릭과 관련된 행사로는 크리스마스 이브(ご産待ち)·크리스마스(ご誕生), 부활절(上がり様), 재의 수요일(悲しみの入り), 종려 주일(お花) 등이 있다. 동지날 직전 일요일에 크리스마스, 그 전날에 크리스마스

---

43 中園成生(2018)、前掲書、p.92.
44 Christal Whelan "Religion Concealed. The Kakure Kirishitan on Narushima", *Monumenta Nipponic,* Sophia University, Vol. 47, No.3, 1992, p.373.
45 片岡弥吉、前掲書、p.194.
46 宮崎賢太郎(2006)、前掲書、p.111.
47 片岡弥吉、前掲書、p.197.

이브를 보낸다. 쓰모토와 가이토에게는 아주 중요한 위상을 지닌
이 행사에는 제주와 회 외에 싸리가 공양된다. 부활절 행사를 지내
기는 하지만 가쿠레키리시탄은 무엇이 부활했는지 모른다고 한
다.[48] 또한 사순절 첫날에서 유래하는 재의 수요일 행사에서는 슬
퍼는 하지만 그것이 어떤 슬픔인지 가쿠레키리시탄들은 잘 모른
다. 오야지야쿠가 혼자서 한 번의 기도문을 올리고 제주와 회를 바
친다. 가톨릭행사가 이름만 남아 있고 그 의미는 완전히 사라져 버
린 것이다.[49] 부활절 직전의 일요일인 종려 주일은 꽃이 똑 떨어지
듯이 목이 잘려 죽은 순교자의 기일로도 불린다.[50]

3-2. 혼종성의 정체성 논란

200년을 넘는 금교기 동안 가톨릭은 일본의 토착신앙인 신도, 불
교, 민속신앙과 섞였다. 소토메 지역의 마리아관음상은 물론 성모
자나 수태알림을 비롯한 다양한 족자 등에서 살필 수 있는 독자화
한 종교를 후루노는 가톨릭과는 구별하여 '기리시타니즘'이라 불
렀고[51] 미야자키는 이미 가톨릭이라는 종교보다 주술 그 자체라 하
였다.[52] 해금으로 인해 종교의 자유가 인정되었음에도 불구하고 가
톨릭을 선택하지 않은 것에 대해 미야자키는 '불교와 신도를 자신

---

48 宮崎賢太郎(2006)、前揭書、p.106.
49 上揭書、p.119.
50 上揭書、pp.119-120.
51 古野清人、前揭書、p.41.
52 宮崎賢太郎(1996)、前揭書、p.221.

들이 기리시탄임을 감추기 위한 위장 수단으로서가 아니라 가톨릭과 어우러진 삼위일체의 신앙형태로 이어왔기 때문이며'[53], 가타오카는 '조상이 소중히 여겨왔으므로 없애서는 안되며 없애면 벌까지 받게 될 것이라 여겼기 때문'[54]이라 한다.

토착신앙과 가톨릭의 혼종성은 인정하면서도 머리말에서 지적한 바와 같이 그 정체성에 대한 연구자들의 견해는 엇갈린다. 미야자키는 "불교와 신도는 기리시탄임을 감추기 위한 위장(camouflage)이 아니라 불교·신도·가톨릭 세 가지가 완전히 하나로 합쳐져 이른바 삼위일체 같은 형태를 취하여 오늘날까지 이어져 온 것"[55]이라 했다. 그리고 "현재의 가쿠레키리시탄은 이미 숨지도 않고 기리시탄도 아니다. 일본의 전통적인 종교 풍토 속에서 긴 세월에 걸쳐 숙성되어 토착민들의 살아 있는 신앙생활 속에 완전히 녹아든, 전형적인 일본의 민속종교의 하나"[56]라며 민속종교론을 주장했다. 가쿠레키리시탄은 교의나 교단 조직을 갖지 않으며 그들이 민속종교를 신앙하는 이유는 기리시탄이었던 조상의 영을 존경하는 조상숭배에 근거한 것이지 가톨릭신앙에 뿌리내린 것은 아니었다는 것이다.[57]

미야자키와 달리 나카조노는 기리시탄신앙 속에는 어디까지나 16세기 선교사들로부터 전래된 신앙 요소가 이어지고 있다고 한

---

53 宮崎賢太郎(2018)、前掲書、p.205.
54 片岡弥生吉、前掲書、pp.288-291.
55 宮崎賢太郎(2018)、前掲書、p.205.
56 宮崎賢太郎(1996)、前掲書、p.25.
57 宮崎賢太郎(2018)、前掲書、p.18.

다.[58] 나아가 나카조노는 금교기의 잠복키리시탄과 그것을 계승한 현대의 かくれキリシタン의 신앙 활동은 금교전 선교사 기록에 나타난 기리시탄의 신앙활동과 비교해도 큰 차이는 없다고 한다.[59] '혼성화 한 것이 아니라 기리시탄시대부터의 기독교 신앙, 신도, 불교가 각각 병존하였고 용도에 맞게 적절히 구별하여 신앙하고 있었다'는 신앙병존론을 주장했다.[60]

이 외 혼성종교론이 있다. 후루노는 '隠れキリシタン이란 가톨릭으로 부활하지 않고 조상 대대로 이어오던 신앙을 물려받아 몰래 지켜 온 신자이며, 조상 숭배를 비롯해 불교나 신도, 민간신앙이 중세 가톨릭시즘과 습합한 특이한 혼성교로서 세계 종교사에서 매우 독특한 현상'이라 지적했다.[61] 가타오카는 'かくれキリシタン은 기독교 교의의 순수성은 유지하고자 했지만 불교, 신도, 토속 신앙을 내세우면서 그 신앙을 숨겨왔다는 점에서 혼성종교로서 열렬한 일신교의 가톨릭 신자와는 다르다'고 했다.[62] 고노이는 隠れキリシタン 신앙은 "위조를 위한 신불신앙과 토착신앙이 본래 기독교 신앙에 뒤섞여 변질되면서 혼성종교화(syncretism)했다. 이미 순수한 가톨릭 신앙에서 벗어나 버렸지만 그 기저 부분의 신앙 정신은 의심의 여지 없이 기리시탄 선교사들이 400년 전에 전한 것"[63]으로 파악하였다.

58 中園成生(2018)、前掲書、p.56.
59 上掲書、pp.27-29.
60 中園成生(2015)『かくれキリシタンとは何か―オラショを巡る旅』、弦書房、pp.22-23.
61 古野清人、前掲書、pp.41-42
62 片岡弥吉、前掲書、pp.11-17, 141.
63 五野井隆史(1997)『日本キリスト教史』、吉川弘文館、pp.242-243.

이상과 같이 가쿠레키리시탄 신앙의 정체성을 둘러싼 입장은 대체로 민속종교론, 신앙병존론, 혼성종교론으로 분류해볼 수 있겠다. 이 중 민속종교론이나 신앙병존론은 가쿠레키리시탄 신앙과 가톨릭을 명확히 구분하고 있고, 혼성종교론은 그 경계가 애매모호하게 여겨지지만 가쿠레키리시탄 신앙을 순수한 가톨릭으로 보고 있지 않은 점은 명확한 듯하다. 이 점은 이들이 해금 당시 부활키리시탄의 삶을 선택하지 않았음을 상기한다면 자연스레 이해될 수 있는 부분이다.

일찍이 쿠르트 징거(Kurt Singer)는 일본문명이 "내구성(endurance)과 유연성(plasticity)을 결합시켜 서서히, 유기적으로 성장한다"[64]고 평했다. 즉, 일본은 자기 것을 간직하면서도 능숙하게 외래문물을 흡수, 소화해왔음을 강조한 것인데 한국이나 중국, 구미로부터 외래문물을 수용하여 일본화시킨 오랜 역사 속에서 그러한 예들은 어렵지 않게 찾아볼 수 있다. 신불습합(神仏習合)은 물론 가쿠레키리시탄에게서 볼 수 있는 토착신앙과 가톨릭의 혼종성도 그 좋은 사례이다. 일본인들이 늘 해오던 대로 토착신앙과 가톨릭 중 반드시 양자택일을 한다거나 양자 모두를 버리지 않고 자신들의 신앙생활에 필요한 것이라면 어느 쪽이든 가져다 쓴 것으로 보아야 할 것이다.

---

64 Singer, Kurt.(1973) *Mirror, Sword and Jewel : The Geometry of Japanese Life,* Croom Helm, London, pp.103-104.

4. 맺음말

이키쓰키시마의 가쿠레키리시탄 신앙 속에는 토착신앙과 가톨릭이 공생하고 있다.

가톨릭의 조직이나 성직자의 임무를 마을 사람들이 쓰모토, 가이토, 콤판야, 작은 조, 오야지야쿠, 오지야쿠 등을 통해 행해왔다. 성모자, 수태알림, 세례 요한, 3인 가족도 등의 형태를 한 골방신이 있고, '기리시테, 지저스, 산타마리아, 산지완, 산파브로, 파라이조님, 에를레시아님 등 이름도 뜻도 잘 모른 채 신들을 섬겨 왔다. 토착신앙과 관련된 정월 행사, 골방신 장식, 종무식, 벼 봉납의 연중행사가 있는가 하면 가톨릭에서 유래한 크리스마스, 크리스마스이브, 부활절, 재의 수요일, 종려 주일 등의 연중행사도 있다. 이 외에도 본문에 소개되지 않은 토착신앙과 가톨릭의 공생 모습을 곳곳에서 찾아볼 수 있다. 게다가 무엇보다도 유일신 관념이 없고 내세 구원보다는 현세 이익을 추구한다는 점에서 가쿠레키리시탄 신앙을 가톨릭의 범주 속에 넣을 수는 없을 것으로 생각된다.

따라서 1873년 종교의 자유가 주어졌음에도 불구하고 가쿠레키리시탄은 가톨릭을 선택할 수 없었고, 유네스코는 이키쓰키시마를 세계문화유산 구성자산에서 제외시키고자 했고, 세계문화유산 등록을 추진하던 일본정부와 나가사키 현은 유네스코의 뜻을 거스를 수 없었을 것이다.

주민 대부분이 가쿠레키리시탄이었던 이키쓰키시마에서 그 조직은 현재 모두 소멸되었고 기도문을 암송할 수 있는 사람 20여 명을 포함하여 개인적으로 신앙을 지켜가는 사람들이 소수 남아 있다고 한다.[65] 나가사키와 아마쿠사 잠복키리시탄 관련유산의 세계문화유산 등록과 그 구성자산으로부터 이키쓰키시마의 제외가 앞으로 이키쓰키시마 가쿠레키리시탄의 존속에 어떤 영향을 미칠지 아직은 속단하기는 어렵다. 어찌되었든 이키쓰키시마 가쿠레키리시탄에게는 세계문화유산 등록이나 가쿠레키리시탄 신앙의 정체성을 둘러싼 연구자들의 논란이 본질적인 문제가 아닐 것이다. 조상으로부터 물려받은 신앙이 후손들에게도 면면히 이어져 가는 것만이 그들의 진정한 바람일 것이다.

---

65 강귀일, 앞의 책, pp.182 · 183 · 188.

| 참고문헌 |

강귀일(2019)『숨은 그리스도인의 침묵－나가사키・아마쿠사 잠복(潛伏)기리
　　　시탄 문화유산 답사기』, 동연.

김병락(2017)「잠복 기리시탄의 전승 성사(聖事) 연구」, 경상대학교대학원 일본
　　　학과 박사논문.

김병락・안병곤(2014)「고해(告解)의 특별한 방법－『곤치리산노오라쇼(こんち
　　　りさんのおらしよ)』」『일본근대학연구』제44집, 한국일본근대학회.

김병락・안병곤(2014)「잠복 기리시탄(潛伏キリシタン)의 전승 세례－기리시탄
　　　교리(敎理)와의 적합성 여부를 중심으로」『日本近代學硏究』제46집, 한
　　　국일본근대학회.

김병락・안병곤(2015)「잠복 기리시탄(潛伏キリシタン)의 혼인성사(婚姻聖事)」
　　　『日本近代學硏究』제48집, 한국일본근대학회.

박양자(2008)『일본 키리시탄 순교사와 조선인』, 순교의 맥.

박정배(2011)『나가사키 교회군 순례기』, 돌을새김.

박희진(2005)「일본 크리스챤 시대 규슈지역에 대한 고찰」,『역사와 경계』제54
　　　집, 부산경남사학회.

사카노 유스케(阪野祐介)(2013)「長崎・キリシタン殉教の記憶と場所－遠藤周作『沈
　　　默』をめぐって－」『해양도시문화교섭학』제8호, 한국해양대학교국제해
　　　양문제연구소.

遠藤周作저, 공문혜 옮김(2005)『침묵』, 홍성사.

이로미(2019)『한국과 일본의 종교습합－샤머니즘 전통을 줌싱으로』, 황금알.

조사옥(2014)「日本の精神風土における母なるもの: 「神神の微笑」『沈默』『母なるも
　　　の』を中心に」,『일본연구』제61호, 한국외대 일본연구소.

五野井隆史(1997)『日本キリスト教史』, 吉川弘文館.

浦川和三郎(1945)『浦上切支丹史』, 全国書房, pp.50ff, 63ff.

片岡弥吉(1978)『かくれキリシタン-歴史と民族』, 日本放送出版協会.

渋谷申博(1996)『日本教史のすべて』, 日本文芸社.

鈴木範久(2017)『日本キリスト教史』, 教文館.

田北耕也(1954)『昭和時代の潜伏キリシタン』日本学術振興会.

沈薇薇(2011)「マリア観音と天草の隠れキリシタン信仰－サンタ・マリア館所蔵資料を中心に－」『天草諸島の文化交渉研究』、関西大学文化交渉学教育研究拠点.

中園成生(2015)『かくれキリシタンとは何か―オラショを巡る旅』、弦書房.

中園成生(2018)『かくれキリシタンの起源-信仰と信者の実相』、弦書房.

古野清人(1959)『隠れキリシタン』、至文堂.

宮崎賢太郎(1996)『カクレキリシタンの信仰世界』、東京大学出版会.

宮崎賢太郎(2003)『カクレキリシタンオラショ－魂の通奏低音』、長崎新聞社.

宮崎賢太郎(2006)『カクレキリシタン オラショ－魂の通奏低音』、長崎新聞社.

宮崎賢太郎(2008)『カクレキリシタン オラショ－魂の通奏低音』、長崎新聞社.

宮崎賢太郎(2018)『潜伏キリシタンは何を信じていたのか』、角川書店.

広野真嗣(2018)『消された信仰：「最後のかくれキリシタン」－長崎・生月島の人々』、小学館.

ルイス・フロイス著、松田毅一・川崎桃太訳(1978)『日本史』第六巻、中央公論社.

Christal Whelan(1992) "Religion Concealed. The Kakure Kirishitan on Narushima", *Monumenta Nipponic,* Sophia University, Vol. 47, No.3.

Singer, Kurt.(1973) *Mirror, Sword and Jewel : The Geometry of Japanese Life,* Croom Helm, London.

<참고 사이트>

asahi.com(朝日新聞社)：隠れキリシタン紀行：最後の晩餐は質問攻め―秘境添乗員・金子貴一の地球七転び八起き―トラベル(검색일: 2022.5.10)

お掛け絵の種類' 生月島(長崎県)のキリシタン: ☆kariのつぶやき(seesaa.net)(검색일: 2022.4.19)

【おらしょ通信】vol.291「浦上四番崩れ」| 長崎県(pref.nagasaki.jp)(검색일: 2022. 5.10)

キリシタン大名―Wikipedia(검색일: 2022.5.10)

キリシタンとは―コトバンク (kotobank.jp)(검색일: 2022.5.10)

消された信仰「最後のかくれキリシタン」―長崎・生月島の人々 | 書籍 | 小学館 (shogakukan.co.jp)(검색일: 2022.5.10)

顕著な普遍的価値の言明 | 長崎と天草地方の潜伏キリシタン関連遺産 (kirishitan.jp)

(검색일: 2022.5.10)

教皇フランシスコの2014年1月15日の一般謁見演説(검색일: 2022.4.19)

聖と俗のワンダーランドー平戸生月町博物館　島の館 "ǂ, ÌŠÙ(archive.org)(검색
　　　일: 2022.5.10)

世界遺産の潜伏キリシタン施設観光客急増信仰と共存が課題 | 長崎新聞
　　　(nordot.app)(검색일: 2022.5.10)

世界遺産登録から1年「長崎と天草地方の潜伏キリシタン関連遺産」地域に広がる 活気と
　　　笑顔観光客1．6倍全資産で増加 | 長崎新聞(nordot.app)(검색일: 2022.5.10)

(Ⅰ)宣教師不在とキリシタン「潜伏」のきっかけ | 長崎と天草地方の潜伏キリシタン関連遺
　　　産 (kirishitan.jp)`(검색일: 2022.5.10)

Laudate | 日本のカトリック教会の歴史 (pauline.or.jp)(검색일: 2022.5.10)

영화 「진흙강」과 오사카 하층민
전쟁의 상흔과 흔들리는 삶

강 소 영

1. 머리말

영화 「진흙강(泥の河)」[1](1981)은 다자이 오사무(太宰治)상을 수상한
미야모토 데루(宮本輝)의 동명 소설(1977)을 원작으로 한 오구리 고헤
이(小栗康平)[2]감독의 데뷔작이다. 오사카의 나카노시마를 흐르는 아

---

1 본고 텍스트는 小栗康平監督『泥の河』(1981)의 다음 DVD에 의한다.『泥の河』
  「DVD-BOX小栗康平監督作品集」所收、松竹ホームビデオ(2005)
  영화 「진흙강」은 일본의 주요 영화상을 휩쓸었다. 아카데미상 외국영화부문에
  노미네이트되고 모스크바영화제 은상, 키네마 순보 베스트텐 제1위, 제5회 일
  본아카데미상에서 최우수 감독상을 받은 명작으로 국제적인 평가도 높고 오늘
  날은 이미 고전의 지위를 획득했다.
2 오구리 고헤이(小栗康平, 1945-) 군마현 출신, 와세다대 문학부 졸업. 그 외의

지카와(安治川) 하구의 다리 밑 식당 집 아이 노부오(信雄)의 성장과 그를 둘러싼 오사카 강변 하층민의 삶을 그리고 있다.

시대는 1956년(쇼와 31년)으로 일본의 패전 11년 후 이야기이다. 원작에서는 1955년으로 설정되어 있지만, 오구리는 시기를 다음 해로 바꾸고 있다. 1956년은 경제기획청이 경제백서 「일본경제의 성장과 근대화」 속에서 "이제 전후가 아니다(もはや戦後ではない)"라고 기술한 해이다. 1인당 실질국민총생산(GNP)이 전전 수준을 넘어 일본 사회는 소위 진무(神武) 경기3를 구가하던 때였다. 고도경제성장기의 성과에 도취하여 전쟁과 전후의 격차사회를 잊으려는 언론이 주류를 이루었던 80년대에 산업화의 희생자들에 주목하는 이 영화는 시각적인 즐거움과 불필요한 정보를 제거하여 흑백영화로 깊은 '응시'의 시선을 보여주고 있다.(<사진 1>)4

당시의 『아사히 신문(朝日新聞)』과 『요미우리 신문(読売新聞)』 등에 실린 「진흙강」의 소개 문구는 "그 때 소년 시절은 끝났다. 지금 아픔의 원류로 거슬러 올라가고 싶다"(『아사히신문』 도쿄 석간, 1981. 5. 8),

---

작품은 재일교포 작가인 이회성의 소설을 원작으로 한 「가야코를 위하여(伽耶子のために)」(1984), 「죽음의 가시(死の棘)」(1990), 「잠자는 남자(眠る男)」(1996), 「매목(埋もれ木)」(2005), 「후지타(FOUJITA)」(2015) 등 단 5편으로 과작 감독이다.

3 1954년 12월부터 1957년 6월까지 31개월간 이어진 호경기를 이르는 말. 한국전쟁 특수로 부흥을 촉진한 일본경제는 1951년 이후 합리화 설비투자에 이어 56년에 시작된 기술혁신투자, 세계경기의 호조에 힘입은 눈부신 수출 신장으로 공전의 호황이 되었다. 진무천황 이래 유례가 없다는 뜻으로 붙인 이름.

4 오구리 본인도 여러 인터뷰에서 "쇼와 30년대(80년대 중반) 이후 일본을 나는 싫어합니다".(『마이니치 신문(毎日新聞)』 1981.5.3, 석간), "영화가 전부 대형으로 즉, 화면·소리·스토리·움직임도 커져서 영화의 기본이라 할까, 스탠더드한 것에서 시작하고 싶다는 기분이 들어 나도 다시 흑백으로 가려고"(『요미우리 신문(読売新聞)』 1988.10.16) 등으로 발언하고 있다.

〈사진 1〉

"사람들의 따뜻한 마음, 감도는 감동은 벌써 올해 최고라는 목소리"(『아사히 신문』 도쿄 석간, 1981. 5. 15) 등으로 선전하고 있다. '소년 시절', '거슬러 올라감', '감동' 등은 이 영화 선전의 키워드이고 당시 선전과 감독 본인의 발언에서도 두 대립구조가 보인다. 즉, 우선 영화의 무대가 되는 빈곤과 따뜻한 인간미가 공존하는 50년대와, 영화가 제작되어 공개된 고도 경제성장을 거쳐 풍요롭지만 차가운 80년대의 대립이다. 다음으로 50년대 일본영화의 황금기에 자주 보이는 흑백의 독립영화와 80년대 주류가 되는 대형 오락영화의 대립이라고 할 수 있다.[5] 「진흙강」에는 50년대 중반 일본 사회와

5 沈・念(2018)「子どもの視線における理想と残酷－小栗康平の『泥の河』について－」『人間環境学』, pp.59-60

일본 흑백영화에 대한 이중의 노스탤지어 경향이 강하게 배어있다고 선전하고 있지만, '노스탤지어' 만으로는 당시 하층민의 깊은 아픔을 '응시'하는 시선을 간과할 위험성이 생긴다.

한국 측 선행연구는 미야모토의 원작소설과 오구리의 영화를 비교한 석사 논문 한 편밖에 없고, 일본 측 연구에서는 주로 영화에 그려진 아이들의 교류와 주인공 소년의 심적 세계와 성장을 그린 것으로 분석하는 것, 원작과 영화를 비교한 것 등이 주류를 이룬다.[6]

본고에서는 오구리 고헤이의 영화「진흙강」에 나타나는 전후 오사카 하층민의 삶에 주목하고자 한다. '진흙강'가에 사는 하층민이 지닌 전쟁의 상흔과 빈곤한 삶에 흔들리는 그들의 모습을 고찰할 것이다. 이는 영화가 선명히 응시하는 전쟁과 빈곤이 일본의 영화평에서는 주로 소년의 '성장'과 '노스탤지어'로 포장되어 소비된 데 대한 비판적인 문제 제기라고 할 수 있다.

---

6 정주미(2003)『문학과 영상의 거리 – 미야모토 데루의「진흙강」과 오구리 고헤이의「진흙강」을 중심으로』, 전남대대학원 석사학위논문. 일본 측 연구로는 荒川志津代(2010)「映画『泥の河』に描かれた子ども像－その心的世界をめぐって」,『名古屋女子大学紀要 家政・自然編, 人文・社会編』, 宇野憲治(1992)「マスコミ表現論 文学と映画 : 宮本輝『泥の河』を通しての虚構と真実」『比治山女子短期大学紀要』, 沈念(2018)「子どもの視線における理想と残酷－小栗康平の『泥の河』について－」『人間環境学』, 中島俊郎(2018)「文学の講義 :『泥の河』を主軸として」『甲南大学教育学習支援センター紀要』, 山本欣司(2009)「『泥の河』論 : 小栗康平の世界へ」『弘前大学教育学部紀要』등이 있다.

2. 1956년이라는 시대 배경

노부오의 아버지 신페이(晋平)는 제2차 세계대전의 인양(引揚)자로
시베리아에서 귀국 후 재혼한 아내 사다코(貞子), 아들 노부오와 함
께 살고 있다. 가족의 나니와(浪速 오사카의 옛 이름, 원작소설에는 야나기柳)
식당은 길에서 다리 아래 돌계단을 내려가 콘크리트로 된 강둑에
있다. 다리로 이어지는 윗길이 지상의 세계로 '세상 사람들의 일반
적인 생활'을 나타내고 있다면, 도로보다 낮은 위치에 있는 식당은
경제성장의 번영에서 뒤처진 세계라고 해석할 수 있다.[7]

어느 날 강 건너편에 정체불명의 배가 나타나는데, 그곳에는 어
머니 쇼코(笙子), 아들 기이치(喜一)와 딸 긴코(銀子)가 살고 있다. 신
페이 가족은 남매와 교류를 가지게 되고, 그들 가족은 마지막 장
면에서 노부오의 어린 시절에 짙은 그림자를 드리우고 떠나가게
된다.

우선 이 영화가 발표된 1956년이라는 시대 배경에 대해서 살펴
보자. 원작소설의 1955년을 오구리 고헤이 감독은 1년 후인 1956
년으로 굳이 바꿔 놓았는데 거기에는 깊은 의도가 숨어있다.

1956년은 "이젠 전후가 아니다"라고 제목이 붙은 경제백서가 나
온 해이고 일본은 그러한 세상을 선전하며 전후 고도성장기로 강

---

7 荒川志津代(2010) 「映画『泥の河』に描かれた子ども像－その心的世界をめぐって」
『名古屋女子大学紀要 家政・自然編, 人文・社会編』, p.72. 감독과 가와모토 사부
로(川本三郎)의 대담에서도 길 아래 집에 대해서 그 의미를 논하고 있다. 감독에
게는 영상 구성상의 기술적 의미도 있었던 것 같다. 小栗康平(1981.5) 「小栗康
平・川本三郎対談 : モノクロームで描く少年たちの旅立ち」『キネマ旬報』pp.74-75.

〈사진 2〉

하게 밀고 나가려고 한 해이다. "이젠 전후가 아니다"라는 내용은
영화 속 두 장면에 나타난다. 예를 들면 처음에는 마차 아저씨의 회
화 속에 등장한다. 두 번째는 교토대 병원에 중태인 전아내를 문병
갔다 오는 길에 노부오의 아버지가 밤 기차 안에서 읽는 신문의 기
사 표제로 크게 클로즈업되어 선명하게 나타난다.(<사진 2>)

이 시기는 소위 "태양족"이라 불리는 청년들이 등장해 풍속이
크게 바뀐 해이기도 하다. 전쟁과 전후 의식을 명확히 보여주기
위해서는 원작의 1955년보다 1956년 쪽이 영상으로서는 효과적
이었을 것이다. 그리고 그 효과는 '밤 기차' 장면에 잘 나타나 있
다. 이러한 무심한 장면에 설명이 아니라 영상으로 주의 깊게 시
대 배경으로 드러나 있는 것이다. 먹고 사는 것이 힘든 시대의 한
편에 일본은 한국전쟁 특수경기로 크게 부흥해간다. 영화에는 배
경이 되는 시대를 형상화하기 위해 그 밖에도 다양한 설정이 나
온다.[8]

예를 들면 아이들의 당시 놀이, 라무네, 1956년에 유명했던 스모

---

8 宇野憲治(1992)「マスコミ表現論　文学と映画 : 宮本輝「泥の河」を通しての虚構と真
   実」『比治山女子短期大学紀要』, pp.37-38.

선수의 경기를 중계하는 텔레비전, 태양족, 마츠리의 야간매점, 라디오에서 나오는 당시 노래, 마술 등의 묘사를 시대 분위기로 유용하게 삽입하고 있다.

일본의 패전 11년 후 사회상을 그리기 위해 「진흙강」은 흑백영화 방식도 도입했다. 흑백영화의 효과는 세 가지로 볼 수 있는데, 첫째, 얼굴의 클로즈업을 강조할 수 있다. 둘째, 시선의 깊이를 강조할 수 있다. 셋째, 시각적인 쾌락을 줄일 수 있다. 흑백이기 때문에 과거에 실제로 일어난 일을 재현하고 있다는 착각과 현실에 존재하는 색채가 부재하기 때문에 현실미가 옅어지는 양의성도 있다.[9] 「진흙강」의 경우 이러한 흑백영화의 다양한 효과를 살리며 당시 오사카 하층민의 삶을 잔인할 정도로 정면에서부터 응시해 나간다.

3. 귀가 일그러진 마차 아저씨

1956년 일본 전국은 호경기로 들썩이지만 불평등한 경제적 효과로 인해 격차사회가 출현하게 된다. 부가 상승해가는 자와 경제사회를 따라갈 수 없는 자로 나뉘고 후자는 사회의 낙오자로 전락한다. 식당을 열었던 10년 전 첫 손님으로 와 단골이 된 "마차 아저씨"는 이 이분화된 사회의 경계선에 있는 극히 상징적인 인물이다.

---

9 沈念(2018), 前揭書, p.62.

그는 "다음 달에 중고 트럭을 살 거야"라며 사회변화에 맞추어 운송수단을 바꾸려고 한다.

원작에는 "소화 30년 오사카 거리에는 자동차 수가 급속하게 증가하고 있었지만 아직 이렇게 마차를 끄는 남자 모습도 남아있었다"로 되어있어 당시 시대 상황을 선명히 반영하고 있다. 식당을 뒤로 하고 가게 앞 언덕길을 올라 쇼와 다리(昭和橋)를 건너려는 무거운 철재가 가득 실린 마차를 끄는 말은 짐의 무게에 힘겨워한다. 게다가 다리 위에 쌓여있는 진흙에 발이 빠져 마차 아저씨가 온갖힘을 다 써보지만 좀처럼 앞으로 나아가지 못한다. 그때 짚차가 뒤에서 경적을 울리며 다가온다. 경적에 놀란 말은 흥분하여 날뛰고 마차에 쌓여있던 철재는 무너져내리고 그 아래에 깔려 '아저씨'는 숨을 거둔다. 시대에 맞춰 운송수단을 말에서 트럭으로 바꾸려고 노력했던 인물이 희망의 대상인 자동차로 인해 죽음을 맞이한다는 구도는 한치앞도 알 수 없는 하층민 인생의 허망함을 표현한다. 또한 전근대적 운반수단인 말의 과부하로 압사당한다는 사실은 사회적 약자가 국가의 경제적 발전이라는 물결에 합류하려 몸부림쳐보지만 결국은 좌절하고 만다는 냉혹한 현실을 일깨워준다. 다리 위에 쌓여있는 진흙도 하층민이 빠져나오기 어려운 삶의 장애로볼 수 있을 것이다.

다시 말해, 결국 경기가 부흥해 새로운 동력원으로 바뀌어도 하층민에게는 더 무거운 짐이 되어 진흙 같은 삶에서 결코 빠져나오기 어렵다는 것을 암시하는 것이라고 볼 수 있다. 그의 죽음은 식당 주인 신페이의 마음에 어두운 '죽음의 상념'을 불러 일으킨다. 다음은 아내와 신페이의 대화 장면이다.

> "정말로 인간이란 언제 어디서 죽을지 모르는 거네요."
>
> "전쟁에서 한번 죽은 몸이니까 이젠 절대로 죽지 않을 거라 생각했
> 는데 그렇게 어이없게 죽다니. 전쟁에서 죽어버렸다면 삶이 포기되었
> 을 텐데. 지금에 와서 전쟁에서 죽는 게 나았었겠다고 생각하는 사람
> 들 많이 있을 거야."
>
> "당신도 그렇게 생각해요?"

당신도 전쟁에서 죽었던 편이 나았겠냐고 아내가 물어도 그는
아무 대답이 없다. 42살이 넘어 처음 내 아이가 생기고 전쟁의 폐허
를 헤치며 살아온 그에게 삶은 고단하다. 전쟁이 끝나도 그 상흔은
삶의 깊숙한 곳에서 가난한 사람들을 찌르고 있는 것이다.

신페이는 앞서 서술한 '밤 기차' 안에서 아들 노부오에게 "네가
성인이 될 때까지 앞으로 아직 11년이구나. 그때까지 아빠가 살 수
있을까"라는 말도 한다. 전지에서 목숨을 잃거나 일본으로 돌아와
필사적으로 살려고 몸부림쳐도, 어이없는 일이 일어나 세상의 번
영으로부터는 뒤처지고 결국 죽고 말 것이라는 두려움의 감정이
보인다. 여기에는 "전후는 끝나지 않은 것이 아닐까"라는, 분노에
가까운 생각도 담겨 있다. 전후 경제성장의 여파는 궁핍한 하층민
들에게는 도달하지 않는 것이다.

여기서 '마차 아저씨'의 신체적인 특징에 대해 주목해보자. 이
초로의 남자에게는 눈에 띄는 기호가 부여되어있다. 그것은 '일그

〈사진 3〉

러진 귀'이다.(<사진 3> 참조) 문학적인 기호로서 신체적인 특징은 인물상을 읽어내는 데 중요한 단서를 제공한다. 이 '일그러진 귀'는 화면상으로도 크게 클로즈업되어 강조된다. 이 일그러진 귀의 영상은 어떠한 의미작용을 가져오는 것일까. 변형된 귀는 청력의 부자유스러움을 시사함과 동시에 사회의 소식, 목소리가 잘 들려오지 않는 귀이기도 하다. 사회의 소식을 또렷이 듣지 못하는 귀는 부흥하는 경기에서는 분절된 존재임을 상징하고 있다고 볼 수 있다.[10] 화면상으로 크게 클로즈업된 귀는 보는 방식에 따라서는 말의 귀와 닮은 것 같기도 하고 슬픈 말의 눈은 마차 아저씨의 마음을 나타내고 있는 것도 같다. 만약 이 가정이 성립한다면 날뛰던 말과 끄는 사람이 동일시되어 '마차 아저씨'는 진보를 거부한 시대에 뒤쳐진 존재로 읽을 수 있다. 말할 것도 없이, 전쟁의 상흔으로 귀가 일그러진 '마차 아저씨'는 사회에서 뒤처진 하층민들을 표상하는 존재라고 할 수 있다.

---

10 中島俊郎(2018)「文学の講義:『泥の河』を主軸として」『甲南大学教育学習支援センター紀要』, pp.104-105

4. 진흙강 속 삶의 무게

미야모토는 원작소설에서 진흙강이 흐르는 강 아래와는 대조적으로 다리 위를 달리는 근대화의 상징인 시 전차의 모습을 묘사하고 있다.

> 짚이랑 판자 조각이랑 썩은 과일을 띄우고 완만히 흐르는 이 황토색의 강을 내려다보면서 낡은 시 전차가 느릿느릿 건너 갔다.(藁や板きれや腐った果実を浮かべてゆるやかに流れるこの黄土色の川を見下ろしながら、古びた市電がのろのろと渡っていった。)

영화에서는 흑백영화 특유의 콜타르를 들이부어 놓은 듯한 진흙빛 강이 흐르고 있다. 흐르고 있다기보다 진흙 같은 상태의 강이다. 강에는 버려진 쓰레기가 떠다니고 강은 지체되면서도 축적된 진흙을 밀어내면서 그래도 흘러간다. 본래 흘러가야 할 강물이 진흙으로 정체되어 흐르지 못함은 여러 장애로 인해 고통받고 있는 삶의 모습을 은유한 것이라고 볼 수 있다. 사회에서 뒤처진 하층민이 진흙처럼 꼼짝할 수 없는 삶 속에서도 단지 느리게라도 살아갈 수밖에 없다는 현실을 보여준다. 반대로 진흙강과 대조되는 쇼와 다리는 "시대의 흐름과 시대의 변화"를 표상하는 장치라고 할 수 있을 것이다.

전후 사회변화가 있었다고 해도 그것을 실감할 수 없는 꽉 막힌 폐색적인 상황 속 하층민의 일상생활을 이 진흙강은 비춘다. 마차 아저씨를 비롯한 등장인물들은 모두 삶에 진흙처럼 찐득찐득해서 벗어날 수 없는 장애를 안고 살아가고 있다. 신페이는 시베리아에서 돌아온 인양자로 마이즈루에 본처를 두고 오사카역에서 만난 지금의 아내와 도망쳐 살고 있다. 기이치의 아버지도 전쟁에 참전했던 뱃사공으로 술에 취하면 늘 부르던 '전우'라는 군가를 기이치에게 기억하게 한 사람이다. 강에서 갯지렁이를 잡다 빠져 죽은 할아버지도 있었다. 기이치의 어머니는 유곽배에서 몸을 팔며 남매와 살고 있다. 기이치와 긴코는 삶의 곤궁함으로 학교에도 다니지 않으며 배에서 살고 있다. 영화는 짙은 어두움이 배어 나오는 그들 남매와 노부오의 만남을 그려 간다.

5. 군가 '전우'를 부르는 소년

우동 가게에서 신페이 가족과 밥을 먹은 후 보답으로 유곽배의 아들 기이치는 직립 부동자세로 천정을 바라보며 씩씩하게 노래를 부르기 시작한다(<사진 4, 5> 참조)

이곳은 조국으로부터 수 백 리 떨어진 멀고 먼 만주의. 붉은 석양에 비춰져서 전우는 들판의 돌 아래/생각하면 슬프게도 어제까지 맨 먼저 뛰쳐나가 돌진해 적을 산산조각 내던 용사는 이곳에 잠드는가/아아 전투가 한창일 때 곁에 있던 이 전우가/갑자기 탁하고 쓰러지니 난 엉겁결에 달려갔지./군율이 엄격한 속에서도 이걸 내버려 둘 수 있으

〈사진 4〉　　　　　　　　　　〈사진 5〉

려/"정신 차려" 하며 안아 일으키지만 임시 붕대는 총알 속. 때마침 일어나는 함성에 전우는 양양히 고개를 들고 조국을 위해서다 상관 말고 천천히 오라며 눈에 눈물/ 나중에 마음은 남을지라도 남겨두면 안 될 이 육체 그럼 간다 하고 헤어졌지만 영원한 이별을 하게 되었는가/ 전투가 끝나고 날이 저물어 찾으러 돌아가는 마음은 부디 살아있어달라고 말할 순 없어도 그리 빌었다/ 허무하게 식은 혼령은 조국으로 돌아온 주머니에 시계만이 째깍째깍 움직이는 허망함 1) ここはお國を何百里 /離れてとほき滿洲の /赤い夕陽にてらされて /友は野末の石の下 2)思へばかなし昨日まで/ 眞先驅けて突進し /敵を散々懲らしたる /勇士はここに眠れるか 3) ああ戰ひの最中に /隣にをった此友の/ 俄かにハタと倒れしを/ 我は思はず驅け寄って 4)軍律きびしい中なれど/ これが見すてて置かれうか /『しっかりせよ』と抱き起し /假繃帶も彈丸の中 5)折から起る突貫に /友はやう／＼顔上げて /『お國のためだかまはずに/ おくれてくれな』と目に涙 6) 後に心は殘れども/ 殘しちやならぬ此のからだ /「それぢゃ行よ」と別れたが /ながの別れとなったのか 7) 戰すんで日が暮れて /さがしにもどる心では /どうぞ生

141

きってゐてくれよ/ 物等言へと願うたに8)空しく冷えて魂は /故郷へ歸つたポ
ケットに/ 時計許りがコチノ＼と/ 動いてゐるもなさけなや

　이 장면은「진흙 강」에서 전쟁의 상흔이 가장 짙게 드러나는 대
목이다. 불과 아홉 살 소년이 '메이지' 시대 러일 전쟁 때 만들어진
군가를 의기양양하게 부른다. 이 '전우'는 애상 조가 혐오스럽다는
이유로 아시아태평양 전쟁시에는 육군이 장병에게 금지한 노래이
다. 그러나 하사관이나 고참병은 그래도 이 노래를 애창했고, 상관
도 그것을 묵인했다고 한다. "술에 취한 아버지가 늘 불렀었다(酔っ
ぱらうたらいつも歌うてた)"라는 기이치, 아버지의 그 "술 취한" 배후에는
전쟁에 대한 깊은 분노가 있었을 것이다. 어찌할 수 없는 진흙 같
은 현실, 술로 그 생각을 잊고, 노래로 위안을 얻었을 것이다. 그
러나 그 노래는 군가이다. 그 아버지 노래 '전우'를 기억하고 부
르는 기이치의 목소리를 통해서 전쟁의 슬픔을 사무치게 상기시
킨다. <사진 4>와 <사진 5>에서 보는 것처럼 그것을 듣는 신페
이의 회한을 담은 표정과 구도는 언어를 뛰어넘어 영상과 노래의
조화로운 배치로 두드러지게 부각된다. 영화를 보는 사람도 노래
를 듣는 사람도 만감이 교차하는 장면으로 전쟁의 무참함을 상기
시킨다.
　「진흙강」에서 특히 강조되고 있는 것은 인물의 표정과 시선인데
그것을 위해서 색채는 불필요하다. 오히려 흑백 쪽이 불필요한 정
보를 배제할 수 있고 본질적인 요소를 그대로 분절시키지 않고 제
시할 수 있다. 대표적인 장면이 '전우'를 부르는 소년과 신페이의

시선과 표정이 나타난 위 장면이다.[11]

신페이는 전쟁을 경험한 생존자이다.[12] 기이치는 전쟁을 직접적으로 경험하지 않았지만 전쟁에서 돌아온 아버지가 일찍 죽고 어머니가 매춘을 생업으로 하고 있기 때문에 일가는 사람들에게 경멸당하고 안정된 육상생활도 불가능한 배에서 살고 있다. 군가를 씩씩하게 부르는 기이치의 앞이 보이지 않는 인생은 패전의 여파이며 그 트라우마의 구체적인 표현이다. 아이의 인생에 과거의 그림자가 덮여 있으며 이미 끝난 전쟁의 영향으로 가난에 내몰리고 있다. 기이치와 같은 사람들이 있는 한 "이제 전후가 아니다"라는 말은 할 수 없는 것이다. 아이러니하게도 기이치와 같은 사람들이 존재한다는 것은 명백한 '전후'를 상징하고 있기 때문이다.

카메라로 깊이와 시선을 강조하는 것으로 이 영화는 지금까지 외면해온 일본인들의 시선을 전쟁시와 전후로 이끌고 있다. 고도성장기의 어두운 부분을 전경화하여 흑백으로 나타내는 것은 효과를 증폭시키며 관객에게 전쟁과 경제성장의 희생자에 대한 시선을

---

11 沈念(2018), 前揭書, p.63.

12 "대중의 복귀군인에 대한 태도가 한심하다. 귀국한 군인들은 '국가의 기대를 배신한 실패자'로 여겨지고, 전쟁 시 일본 군인이 중국과 동남아시아에서 범한 폭행이 보도되기 시작했기 때문에, 그들은 대중에게 무서운 몬스터와 같은 죄인으로 생각되었다. 어느 복귀군인은 자신이 해외에서 일본에 돌아왔을 때 집도 불타고 처자도 실종되고 가지고 있던 얼마간의 돈도 높은 물가 때문에 다 쓰고 나는 비참한 놈이 되고 말았다. 나에게 따뜻한 말을 하는 사람이 한 명도 없다. 그러기는커녕 그들이 나를 보는 눈빛에는 적의가 가득했다."고 쓰고 있다. James L. Mclain, Japan : AModern History, HainanPublishing House, 2017, pp. 509-510. 沈念(2018)「子どもの視線における理想と残酷－小栗康平の『泥の河』について－」『人間環境学』, p.64 재인용

요구하고 있다. 고도성장기를 거쳐 성공에 우쭐대고 있는 일본인[13]
에게 잊어버린 전쟁의 상흔을 직시하게 하는 효과가 강하게 나타
난다.

신페이와 기이치의 아버지, 마차 끄는 아저씨가 전쟁에서 생환
했지만 결국 신페이의 대사처럼 그들은 "강의 모래땅처럼 죽어가
고 있다(スカみたいに死んでいきよる)"는 사실을 증명해 주었다. "이웃 나라
전쟁으로 돈을 벌어서, 주위는 점점 점점 멋있어져 가는데, 살아있
어도 역시 모래땅처럼밖에 살 수 없는 걸까. 우리들은(隣の国の戦争で金
儲けして、まわりはどんどんどんどん立派になっていきよんのに、いきとってもやっぱりスカみたい
にしか生きられへんのかなあ、わいら)"이라는 신페이의 대사에 담긴 초조함과
허탈감은 갈 곳을 잃어버린다. 라스트신 근처에서 돌연 신페이가
아무에게도 말하지 않고 모습을 감추고 인양자로 도착한 마이즈루
를 방문해야 했던 것에서도 그의 마음의 음영을 알 수 있다.[14]

기이치의 아버지는 전쟁에서 살아 돌아온 수완 좋은 뱃사공이었
지만 폭풍우로 죽어버렸다. 군가를 가만히 듣고 있는 신페이의 얼

13 1980년대 후반경이 되자 일본의 경제력이 미국을 능가해 보일 정도로 강해졌
기 때문에 일본산 기술제품의 높은 퀄리티를 일본에서는 보다 내셔널리스틱하
게 그리고 '공격적으로' 말하게 되었다." 日高勝之, 前掲書, pp. 217-218. 일본인
의 이러한 태도는 아시아의 반감을 다시 불러 일으켰다. '고도성장'이 되어 많
은 일본인이 자신들은 열심히 일해서 세계 경제에서 성공을 거두었는데 그것으
로 비판받는 것은 부당하다고 느낌에 따라 일본의 전쟁 책임을 부정하려는 논
의를 받아들이는 일본인은 차츰 늘어갔다. 즉, 1980년대를 통해 아시아의 반일
감정이 위세를 떨치게 된 요인은, 과거에 대한 오랜 기억 때문만은 아니었다. 각
료를 비롯한 많은 일본인이 타국민의 체험에 대한 공감의 시점으로 그 과거를
돌아보고 싶어하지 않는, 혹은 할 수 없는, 것 자체가 반일감정을 새로이 싹트게
한 것이다. アンドルー・ゴードン(2013) 森谷文昭訳『日本の200 年：徳川時代から
現代まで(下巻)』, p.629.
14 山本欣司(2009)「「泥の河」論：小栗康平の世界へ」『弘前大学教育学部紀要』, p.7.

굴은 그 전까지의 웃음 띤 얼굴은 사라지고 심각해진다. 2절까지 들은 후 "그 노래, 끝까지 알고 있니? 전부 들려주겠니?" 라고 부탁 하자, 기이치는 긴 노래를 다시 씩씩하게 불러준다.

영화에서는 마지막까지 신페이에게 전쟁은 끝나지 않은 채로 남아있다. 신페이가 안고 있는 치유되지 않은 전쟁의 상처, 전쟁에서 살아남은 자의 비애가 아홉 살 기이치의 '전우'를 들으면서 얼굴에 점점 뚜렷이 새겨져 간다. 군가 '전우'는 신페이에게 전쟁으로 죽어간 전우나 자신이 부상 당한 것, 그리고 전후 귀국하고 나서 죽어버린 동료를 다시 떠오르게 했다. 그리고 자신도 어이없이 죽는 것이 아닌가 하는 두려움이 그의 의식 속에 떠다니게 되는 것이다. 그는 지금 일본의 호경기(진무경기)가 한국전쟁에 의한 특수경기 덕임을 잘 알고 있다. 여러 번 대사에 나오는 것으로 볼 때 이것은 감독 오구리의 명백히 의도적인 삽입으로 보인다.

이 영화의 저류에 있는 주요 테마 중 하나인 전쟁과 관련된 '분노'가 어린 소년이 노래하는 군가라는 방식의 형태로 표출되고 있는데, 다음으로는 이 군가 '전우'에 대해 살펴보자.

'전우'는 1905년 러일전쟁시 일본에서 만들어진 군가이다.[15] 가

---

15 真下飛泉作詞、三善和気作曲『学校及家庭用言文一致叙事唱歌. 第3篇戦友(三善和気曲)』(明治38年初版)을 가사자료로 참고함. 다음은 9절부터의 한글 가사이다. 번역은 필자에 의한다.
생각해보니 작년에 출항하여 조국이 안 보이게 되었을 때/ 현해탄에서 악수를 하고 이름을 댄 것이 시작이었다/그 후엔 한 개비 담배도 나눠 피우고 보내온 편지도 서로 보여주고 신세를 한탄하고/ 어깨를 안으며 입버릇처럼 어차피 없는 목숨이니 죽으면 유골을 부탁한다고 말을 주고받던 우리 두 사람./ 뜻하지 않게 나 혼자 이상하게 명줄이 길어 붉은 석양의 만주에 전우의 무덤을 파게 될 줄은/ 환히 갠 달밤 마음 절절히 붓을 들고 전우의 마지막을 소상히 써 부모님께 보내

사는 전 14절로, 무대는 러일 전쟁시 요동반도의 전투이다. 오사카를 비롯한 관서지방의 아동들과 가정, 여학생들 사이에서 유행했다고 한다. 그 후 엔카 가수들이 불러 일본 전국으로 보급되었다. 가사 중에 "군율 엄하지만"이 실제로 군법 위반으로 "화약의 소용돌이 속이지만(硝煙渦巻く中なれど)"으로 바뀐 적이 있다고 전해진다. 만주사변이 일어났을 때 애수에 넘치는 가사, 향수를 불러일으키는 멜로디에 "이 군가는 역겹다"고 부르는 것이 금지되어 육군도 장병이 이 노래를 부르는 것을 금지했다고 한다.

아시아 태평양전쟁 중에 '전우'는 금지곡이었지만 하사관·고참병들은 "이번으로 전우를 그만 부른다, 마지막 이별곡으로 같이 부르자"라며 종종 불렀고 그것을 상관이 묵인하기도 하여 병사들의 노래로 인지되고 있었다. 전후 연합군 최고사령관 총사령부는 일절 군가를 금지했었지만 한 병졸의 비극을 노래한 이 군가는 일본 국민에게 계속 사랑받았다. 실제로 현재도 유튜브에 들어가면 엔카 가수들이 애수에 차서 부른 곡을 비롯해 많은 '전우' 버전이 올라와 있으며 주로 아버지나 할아버지가 부른 것을 기억하고 있는데 감동적이라는 댓글을 흔히 볼 수 있다.

는 이 편지/글솜씨는 형편 없지만 등잔불 밑에서 부모님이 읽을 마음을 헤아리니 나도 모르게 떨어지는 눈물 한 방울.

6. 진흙강에서 흔들리는 유곽배[16]

찐득찐득한 진흙 같은 삶에 빠져 헤어나지 못해 고통스러워하는
가장 비참한 인물로 기이치의 어머니 쇼코(笙子)를 들 수 있다. 진흙
과 삶, 강물, 유랑의 느낌을 가장 체화한 인물이라고 할 수 있는데,
강물 위에 띄워놓은 배 한 쪽을 막고 남자를 받아 매춘을 하며 남매
와 살아가는 그녀는 물을 길러 간 남매가 없을 때 찾아온 소년 노부
오를 그녀 쪽 방으로 부른다. 배 아래에서부터 철썩철썩 물 흐르는
소리가 선명히 들리며 배가 흔들리고 있다. 쇼코는 노부오에게 다
음과 같은 말을 체념한 듯 읊조린다. 계속해서 물소리가 배경음악
으로 들려 온다.

"엄마 아빠가 가면 안된다고 했니?" "아니에요."

"노부짱은 멋진 남자구나. 우리 아이들이 언제나 신세 지고 있어
아빠 엄마에게 정말로 감사하고 있단다." ……

"아줌마도 말이야. 아저씨가 살아있었을 때는 어떻게든 돈을 모아
서 가게를 갖고 싶었지만, 아저씨가 죽고부터 그냥 돈 모으는 것이 싫
어져서 말이야, 언제나 물결에 흔들리며 있어야 살아있는 느낌이 나
게 되고 말았어. 그래도 저 아이들을 위해서 돈을 벌려고 회사 창고에

---

16 유곽배(廓船)라는 단어는 미야모토 데루가 소설에서 처음 썼다고 밝히고 있다.
에도 시대에 에도 해변에서 작은 배로 매춘한 사창(江戸時代に江戸の海辺で小舟
で売春した私娼)인 후나만쥬(船饅頭, ふなまんじゅう)와 비슷한 것으로 추정된다고
야후재팬 지혜 주머니(知恵袋)에서는 아래 위키페디아를 인용하며 답하고 있다.
http://ja.wikipedia.org/wiki/%E8%88%B9%E9%A5%85%E9%A0%AD

서 일한 적도 있었단다.”

쇼코의 “언제나 물결에 흔들리며 있어야 살아있는 느낌이 나게 되고 말았어.(いつも波に揺られていないといきてるような気がしないようになってしもってな。)” 에는 진흙강에서 늘 흔들리며 매춘하는 삶을 살 수밖에 없는 자포자기적인 심정이 나타나 있다.

기대했던 텐진 마츠리 날, 구멍 뚫린 반바지 주머니에서 돈이 새나가 잃어버리고만 기이치는 돈을 주었던 노부오를 위로하려고 밤에 자신이 사는 배의 집으로 같이 간다. 기이치는 진흙강에 찔러 넣어 놓은 대나무에 서식하는 게들을 잡아서 게딱지에 램프 기름을 적셔 불을 붙여 노는 모습을 보여준다.(<사진 7. 8>) 불이 날 것을 걱정한 노부오는 불붙은 게 한 마리를 쫓아 뱃전으로 올라가는데 기이치 어머니 방 작은 창으로 문득 안을 들여다보게 되고 만다.

거기에는, 기이치 어머니의 얼굴이 있었다. 그 어머니 위에는 문신을 한 남자의 등이 덮여 있다. 어머니 쇼코(笙子)가 손님을 받는 장면을 흑백으로 표현하며 그녀 신체의 에로틱함은 배제하고 여성이 생활을 위해 자신의 몸을 파는 비참한 사실에 집중시킨다. 카메라는 그녀의 얼굴 표정을 클로즈업시킨다.(<사진 6>)

노부오의 눈은 빨려들듯이 기이치의 어머니 쇼코의 얼굴을 응시한다. 쇼코는 체념한 듯이 큰 검은 눈동자로 노부오를 쳐다본다.(<사진 6>) 노부오는 눈물이 맺힌 채 응시한다. 그리고 아무 말 없이 배를 내려가 강변의 좁은 길을 따라 자신의 집으로 돌아간다. 집에 가서 노부오는 불빛이 없는 2층 방에서 어둠을 통해 건너편 배를 본다. 아래층 식당의 취객들이 부르는 ‘전우’ 노랫소리에 씩

〈사진 6〉

씩하게 '전우'를 부르던 기이치가 노부오에게 되살아나오며 눈물
이 흐른다.

처음 기이치를 따라 배에 놀러 갔을 때, 어머니 쇼코는 아들에게
노부오에게 두 번 다시 오지 말라고 전하라며 흑사탕을 주라고 한
다. 신페이는 밤에는 가지 말라고 했지만, 밤에 기이치가 데려간 배
에서 노부오는 마침내 기이치 어머니의 비밀을 보고 만다.

한편, 우동 가게 손님들이 유곽 거리 도비타 신치[17] 등의 이야기
를 하고 아이(기이치)가 어머니 대신에 배로 호객행위도 했다고 한
다. 그걸 듣고 있는 기이치는 고개를 푹 숙이고 있었다. "노부짱 어
머니한테는 비누 냄새가 난다"고 누나인 긴코가 진흙강물을 내려
다보며 다리 위에서 쓸쓸하게 이야기하기도 한다. 청결하지 않은

---

17 오사카후는 도쿄와 나란히 유곽이 많은 곳이었다. 오사카후는 1916년 4월 11일
에 돌연 고시 제107호를 내고 미나미 오사카의 남단 東成郡 天王寺村에 2만4 천
평의 유곽 면허지를 지정했다. 이것은 도비타 유곽이 된다. 여러 반대 운동에도
불구하고 1917년 12월에 개업했다. 1940년 9월에는 2858명의 창기가 있었다.
제2차 대전 후 공창제와 아카센赤線이 폐지된 후에도 도비타에는 예전 유곽 건
물이 남아 현재도 큰 성매춘 시설이 유지되고 있다. 2013년 5월에 군 '위안부'
제도는 필요했다고 말한 당시 하시모토 도오루 오사카시장은 예전 이 도비타
신치 요리조합의 고문변호사를 했었다고 한다. 문제는 현재까지 이어지고 있
다. 吉見義明(2019) 『売春する帝国 日本軍「慰安婦」問題の基底』, 岩波書店, pp.
93-95

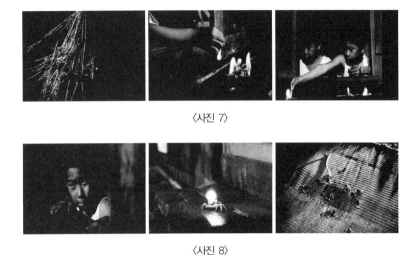

〈사진 7〉

〈사진 8〉

일을 하고 있는 자기 어머니의 비밀을 마치 알고 있는 듯한 대사
이다.[18]

　기이치의 마음 속에서도 조금 잔인한 불이 타고 있었을 것이다.
노부오는 게를 태우며 즐거워하는 기이치에게서 이상한 광기를 어
렴풋이 느낀다.(<사진 7, 8>)

　기이치는 어머니에 대한 분노, 세상에 대한 분노로 게를 태운 것
이라고 해석할 수 있다. 노부오를 밤에 유곽배에 데리고 온 것은 자
신의 상황을 일부러 보여주려는 자포자기적인 심정에서일지도 모

18　배에서 매춘하는 것에 대해 식당 손님이 이러쿵저러쿵 말하는 장면은 있지만
　　긴코가 어머니의 일에 대해서 구체적으로 알고 자신과의 관련을 시사하는 장면
　　은 영상에는 그려져 있지 않다. 긴코를 연기했던 아역은 긴코의 어머니 일을 모
　　르는 채로 연기하고 있었던 듯하다. 小栗康平(1981.5) 「小栗康平・川本三郎対
　　談 : モノクロームで描く少年たちの旅立ち」、『キネマ旬報』810、p.73.

른다. 기이치의 게 껍질을 불태우는 잔인한 행위는, 어머니의 신체에 올라탄 문신이 있는 남자 손님의 '등'을 태우는 복수라는 독해도 가능할 것이다. 또한 어머니 이름인 쇼코(笙子)는 '대나무에 사는'이라는 뜻이기에 대나무에 붙어 살고 있던 게는 기이치의 어머니를 상징하고 있다는 해석도 가능하다. 이 '생(笙)'이라는 한자는 여성의 이름에 잘 사용하지 않는 글자라는 점도 이 해석을 뒷받침한다. 그렇다면 기이치도 어머니의 매춘에 대해 알고 있었던 셈이 된다. 식당 손님이 호객행위를 했던 그 아이 아니냐고 했을 때 고개를 푹 숙이고 있던 장면으로부터도 유추할 수 있다. 그렇다면 대나무에 사는 게를 태우는 행위는 더러운 일을 하는 어머니 쇼코에 대한 분노의 표현도 될 것이다.

노부오가 유곽배의 기이치 어머니를 보고만 것이 무엇을 의미하는지 쇼코는 알고 있었기에 다음 날 배가 강에서 떠나가는 결말을 맞이하게 된다. 노부오는 봐서는 안될 것을 봐버린 것에 대한 두려움과, 엿본 것을 기이치의 어머니에게 들킨 것에의 당혹스러움을 느꼈을 것이다. 가족의 비밀이 알려진 것은 유곽배 가족들에게 죄의식을 부여하고 그들의 돌연한 떠남을 필연적인 것으로 만들었다. 사실 그 이별은 빈곤함으로부터 연유하는 이미 예정되어 있던 이별이었다고도 할 수 있다.

노부오가 쇼코의 비밀을 안 다음 날, 기이치 가족 세 명을 태우고 유곽배는 강가를 떠나간다. 노부오는 "깃짱"을 애타게 부르며 예인되어 가는 기이치의 배를 오랫동안 쫓아간다. 진흙 강 위를 예인되어 배가 떠나가는 장면이 마지막이지만 그래도 삶은 이어진

151

〈사진 9〉

다. 수치스럽고 무거운 진흙 같은 삶의 짐을 안고 그 후로도 이어질 것이다.

영화 상영시간은 105분, 이 마지막 장면은 5분 이상이다. 노부오가 눈물을 참고 '진흙강'을 거스르며 떠나가는 배를 바라보는 장면(〈사진 9〉)은 가혹한 현실을 강조하는 결말을 맞이했지만, 그래도 희미한 희망은 상류로 배가 예인되어 갔다는 사실일 것이다.

7. 맺음말

본고에서는 영화 「진흙강」을 소년들의 교류와 우정 이야기가 아니라 오사카 하층민의 적나라한 삶의 투영으로 분석했다. 그 뒷배경으로 부각되는 짙은 전쟁의 상흔도 짚어보았다.

이 영화의 시대 배경은 1956년으로, 일본경제기획청이 경제백서 「일본경제의 성장과 근대화」 속에서 "이제 전후가 아니다"라고 기술한 해이다. 영화는 한국전쟁으로 인한 특수경기로 경제가 비약적으로 발전했지만 격차사회 속에서 전쟁의 상흔과 함께 하층민으로 살아갈 수 밖에 없는 사람들에 주목한다.

영화 전체에 흑백영화 특유의 버려진 쓰레기가 떠다니는 콜타르 같은 진흙빛 강이 흐른다. 그 강가에 살고 있는 사회에서 뒤처진 하층민들은 진흙 속에서 꼼짝할 수 없는 삶이지만 느리게라도 살아갈 수밖에 없는 현실을 보여준다. 강물이 진흙으로 정체되어 흐르지 못함은 여러 장애로 인해 고통받고 있는 삶의 모습을 은유한 것이라고 할 수 있다.

이 영화는 장면과 등장인물마다 '진흙강'으로 상징되는 잔혹한 현실이 강조되고 있다. 흑백영화라는 형식에 의해 이 혹독한 현실은 더욱 부각된다. 「진흙강」은 단순히 '50년대의 일본'이나 '50년대의 일본영화'를 노스탤지어로 그리는 것이 아니라 당시 하층민 삶에 대한 깊은 응시로 일본의 자기비판을 일깨우고 있다고 생각된다.

혹독한 현실에서 그나마 희망으로 해석할 수 있는 장면은 마지막 결말에서 기이치 가족이 강의 하류 쪽으로 내려간 것이 아니라 강의 상류로 예인되어 갔다는 것이다. 또 하나는 옆집 할머니가 노부오의 운명을 '물에 자라는 나무(水に生える木)'라고 풀이해준 것이다. 진흙강 속에서도 노부오는 뿌리가 굳건한 나무로 쑥쑥 자라날 것이다.

| 참고문헌 |

荒川志津代(2010)「映画『泥の河』に描かれた子ども像--その心的世界をめぐって」『名古屋女子大学紀要 家政・自然編, 人文・社会編』, p.72.

アンドルー・ゴードン著(2013) 森谷文昭訳,『日本の200年：徳川時代から現代まで(下巻)』, p.629.

宇野憲治(1992)「マスコミ表現論 文学と映画: 宮本輝「泥の河」を通しての虚構と真実」『比治山女子短期大学紀要』, pp.37-38.

小栗康平(1981.5)「小栗康平・川本三郎対談：モノクロームで描く少年たちの旅立ち」『キネマ旬報』810、p.73.

沈念(2018)「子どもの視線における理想と残酷－小栗康平の『泥の河』について－」,『人間環境学』, pp.59-61, pp.63-64.

中島俊郎(2018)「文学の講義:『泥の河』を主軸として」『甲南大学教育学習支援センター紀要』, pp.104-105.

山本欣司(2009)「「泥の河」論：小栗康平の世界へ」『弘前大学教育学部紀要』, p.7.

吉見義明(2019)『売春する帝国日本軍「慰安婦」問題の基底』, 岩波書店, pp.93-95.

오모토교와 천황제,
유일신의 쟁투
근대 일본 종교문화·정치문화의
일체화, 그리고 정통과 이단

노 병 호

1. 머리말

2022년 5월 현재 한국 기독교계는 이단논쟁을 계속하고 있다. 대표적으로는 각 교회 및 기독교 관련 방송사에서 생산하는 "신천지 OUT"이라는 주장 및 벽보, 그리고 대한민국 제20대 대통령선거에 즈음하여 표면화된 "도사들"·"법사들". 이러한 새로운 종교들의 출현·대두에 수반되는 용어가 '사이비' 혹은 '이단'이다. '사이비'라는 용어는 비종교적 혹은 세속적인 용어라고 생각되므로, 영어 및 한자로 각각 heresy와 異端이라 쓰는 이른바 '이단'의 정의를 살펴본다.

『종교학대사전』은 '이단'을 "영어로는 heresy라고 하며, 그리스어 hairesis에서 유래해는 <분파>를 의미하는데, 통상은 특정 교의를 신봉・표방하는 단체에서, 정통교설에 대립해서 단죄・배제되는 입장, 또는 그 주창자를 가리킨다. 따라서 이단은 정통(orthodoxy)의 대립물로 정의되는 한편, 다른 교의에 의거한 적대물인 이교와는 구별된다."[1]고 한다.

한편 Oxford 사전에서 heresy[2]는 (1) a belief or an opinion that is against the principles of a particular religion; the fact of holding such beliefs, (2) a belief or an opinion that disagrees strongly with what most people believe 라 하여, "특정 종교(인민들)의 원칙에 대립적인 신념과 의견".

Meriam-Webster사전에서는 좀 더 세분화하여,[3] (1)의 A. adherence to a religious opinion contrary to church dogma, B. denial of a revealed truth by a baptized member of the Roman Catholic Church, C. an opinion or doctrine contrary to church dogma. (2)의 A. dissent or deviation from a dominant theory, opinion, or practice. B. an opinion, doctrine, or practice contrary to the truth or to generally accepted beliefs or standards. 즉 "교회의 도그마・로마

---

1 편집부(1998)『종교학대사전』, 한국사전연구사, pp.1-1602 중 '이단'. 이 사전의 설명을 좀 더 자연스럽게 필자가 수정.

2 https://www.oxfordlearnersdictionaries.com/definition/english/heresy?q=heresy (검색일 : 2022년 5월 23일)

3 https://www.merriam-webster.com/dictionary/heresy (검색일 : 2022년 5월 23일)

카톨릭교회·교회의 의견의 고집과 이에 대립되는 도그마에 대한 부정, 그리고 지배적인 이론, 의견, 관념, 신념, 기준, 진실에 대립되는 의견, 주의, 관행"이라고 정의하고 있다.

그렇다면 한국 기독교계에서의 이단·사이비에 대한 결정은 어디에서 이루어지는 것일까?[4] 2018년 현재 한국교회의 이단 결정에는 한국교회 374개 교단 중 주요 8개 교단(합동, 통합, 백석, 고신, 합신, 기감, 기성, 기침)이 이단 결정에 있어서 적극적인 편이다. 이 교단에 속한 「이단사이비대책위원회(이대위)」 위원장들은 정기 모임을 가지면서, 이단에 대한 정보 공유는 물론, 이단에 대해 공동대처하며, 이단에 대한 용어 정의를 공유한다. 문체부에 등록 또는 미등록된 개신교 교단이 400여개에 육박함에도 불구하고 이들 8개 교단에서 이단이라고 결정한 내용을 대다수가 거부하지 않고 공유한다. 예를 들면 '통일교'나 '여호와의 증인'을 이단으로 결정하지 않은 교단이라 해도 위 8개 교단이 결정했을 경우 이에 따른다는 의미다.

비교적 새로운 그러나 교세가 강한 순복음 교회도 이러한 과정을 거쳐 '이단' 관문을 통과했다.[5]

이상을 통해 알 수 있는 바와 같이, '이단'이란 '정통'이 주체적

---

4 「한국교회 이단·사이비 결정, 누가 하나?
   http://www.kportalnews.co.kr/news/articleView.html?idxno=14303(검색일:
   2022년 5월 23일)
5 이와 관련된 적절한 글을 읽은 적이 있는데 2022년 6월 현재 출처 검색 불명이
   다. 이에 간접적으로 순복음교회 이단 문제를 언급한 기사를 밝혀둔다. 「유병언
   과 조용기 다른 듯 같은 모습 사회와 교회의 해악 공통점 사회적 권력 차이로 이
   단과 정통 구분?」 http://www. newsshare.co.kr/79488(검색일 : 2022.6.20)

으로 정의되고 이를 통해 그 외부의 것이 의식되는 것뿐만이 아니라, '이단'이라는 정의를 통해 '정통'이 확인된 후 다시 '이단'에 액션을 취하는 2중적인 성격을 갖는다는 것을 알 수 있다.

이러한 정통과 이단의 문제는 일본에서는 오모토교(大本敎)와 천황제(天皇制)의 대립. 그리고 다신교적인 일본문화 풍토와의 상당히 교착된 구조하에서 권력적인 종교관계 혹은 종교적인 권력관계라는 '문화적' 측면에서 재삼 확인되고 있다.

본고는 '정통'과 '이단'이 근대 일본에서 어떻게 정의되고, 확인되고, 배제되는지를 거칠게 검토해보고자 하는 초보적 시도다.

2. 근대 일본에서의 정통과 이단

2022년 5월 현재, 내로라하는 일본의 사상가들 중 이단과 정통의 문제를, 오모토교와 연관지어 논한 사상가 및 연구를 찾기는 쉽지 않다. 물론 종교 및 오모토교를 정통과 이단, 이단과 정통의 문제로 다룬 문헌을 찾을 수 없는 것은 아니겠지만, 이들 문헌 또한 소극적인 언급에 그칠 것이라는 느낌 지울 수 없다.[6]

오모토교의 역사에 대한 연구로는, 본고의 후반부에서 제시하는 것처럼, 마쓰모토 겐이치(松本健一)와 야스마루 요시오(安丸良夫)의 연

6　Yahoo Japan.에서 '大本敎'와 '異端'을 키워드로 검색하면 가장 눈에 띄는 건 연구보다는 '弾圧'이라는 단어다. 이 또한 정통과 이단 논쟁이 갖는 콘텍스트와 무관하지는 않겠지만 소극적이라는 느낌은 가시지 않는다.

구가 필수적이다. 본고는 주로 마쓰모토의 연구를 언급할 것이다.

전후 일본에서 이단과 정통의 문제를 사상적으로 검토하기 위해서는 후지타 쇼죠(藤田省三)의 연구[7] 및 마루야마 마사오(丸山眞男)의 연구[8]가 독보적이다. 다만 이들도 오모토교를 직접적으로 언급하고 있지는 않다.

후지타와 마루야마의 「이단론」에의 천착과 관련, 『近代日本思想史講座』(전8권 별권, 1959년 간행 시작)의 제2권 「正統と異端」을 위한 연구회가 1960년 무렵부터 67년 5월 초엽까지는 마루야마 마사오, 이시다 다케시(石田雄), 후지타 쇼죠 이 3명, 이후 90년 7월경까지는 마루야마와 이시다 2명 및 치쿠마쇼보 편집부(筑摩書房編集部)가 가담하여 단속적으로 30년에 걸쳐 지속되었다.[9]

마루야마 마사오는 이 연구회에서 'O전통'과 'L전통'의 개념 및 '異端'을 중국적·유학(儒學)적으로 정의하고 있다.[10]

먼저 O정통. O정통과 이단은 다이나믹스. 처음에 이단이 있고 이후 이에 대하여 정통이 나온다. 즉 대자적정통성(対自的正統性). 자신을

---

7 藤田省三(1997) 『異端論断章』, みすず書房, pp.1-176 본고에서는 지면의 제약상 후지타 쇼죠의 이단과 정통에 관한 검토는 「마루야마 마사오의 이단론과의 비교적 관점에서」 추후의 과제로 하기로 한다. 2022년 5월 현재의 한국과 달리, 한국에 못지않은 사상적 대립이 여전함에도 그에 못지않게 건재한 천황·천황제에 대한 선구적인 접근으로 유명한 양자의 비교는, 현대의 한국과 일본의 종교 및 정치사상을 이해하기 위한 유익한 힌트가 될 것이라 생각하기 때문이다.
8 丸山眞男(2018) 『丸山眞男集 別集 第四卷 正統と異端(一)』, 岩波書店, pp.1-480
9 飯田泰三(2006) 『戦後精神の光芒 丸山眞男と藤田省三を読むために』, みすず書房, p.188
10 丸山眞男(2018) 上掲書, pp.8-22.

향한 정통의 성립. 이단을 의식한 정통. 그리고 존재양태(ありさま)로서의 L정통. 주로 구양수(歐陽脩)에서 주자(朱子)에 이르는 송학(宋学)에 이르는 정통. 중국사상의 일본화. 덕치주의적 정통성(德治主義的正統性)과 황통일계적(皇統一系的正統性)인 정통성의 관계. 유교의 일본화. 일본황실의 정통성의 근거. 국학, 후기 미토학, 국체론. 異端의 어의는『論語』爲政 2-17「子曰攻乎異端斯害也」의 '이단을 공한다'(攻乎異端). 연구(攻究)한다는 설과 공격한다는 설이 나뉜다. L정통이란 정치집단의 복종을 조달하기 위한 근거가 된다. 정통성적 근거. 일본처럼 기축을 황실에 구하는 형태로 그 L정통의 필요가 먼저 있고, 즉 최초에 L정통이 있고 그 후에 O정통으로 되어가는 유형. O정통이 그 내부에 L정통을 포함하고 있다. 계보적으로 국학, 미토학, 존왕론. 대일본제국은 L정통만 있으며 따라서 O정통의 L정통으로의 전화라는 문제는 있지만 이는 일반론이며 L정통이 O정통으로 바뀌지는 않는다. O정통은 복수적. 요컨대 O정통의 문제란 복수적으로 존재하다는 걸로 끝나버린다. 기독교에서는 O정통이 문제여서 각 교단의 내부에 한정된다. 복수적으로 존재한다. 요컨대 L정통은 정치적 지배가 복종을 조달하기 위해 자신을 정당화하는 논리를 L정통화한다. O정통의 경우 하나의 신앙자 집단이 그 조직에 의해 더욱 올바르다고 간주하는 교의를 정하고, 그에 따르는 어떤 유형을 Sanction으로 강제하는 것. 신도(神道)자체가 L정통을 담지하고 있기 때문에 일본 황통의 정통화를 포함한다. 신도 안에 하나의 교의와 동일화된 것이 없음에도, 신도사상은 국체사상 측의 매우 유력한 원천이 된다. O정통의 사고가 국체관념 속에 흘러들어감으로써 이전부터 논의된 이른바 의사 O정통. O정통은 아니지만 O정통의 사고양식과 닮았다. 이것이 국체논쟁이다. 그 경우 O정통의 정통이단이 아니라, L정통의 정통이단이다. 그렇기 때문에 비국민(非国民)을 치안유지법에 의해서 강제한다는 것은 이단심문소와 같은 것. 즉 L정통이 O정통을 흉내낸다.

이에 조응하여 상기 이이다 타이죠(飯田泰三)는 마루야마 마사오의 「日本の思想」 및 이시다 다케시를 인용하고 있다.[11]

천황제적 정통(국체)을 O정통 레벨에서 본다면, 그 적극면은 망양(茫洋)한 두터운 구름층에 몇겹으로 둘러싸여, 쉽사리 그 핵심을 드러내지 않은 채로, 그 부정면에서는 즉 반국체라고 규정내려진 내외의 적에 대해서는 극히 명확준열(明確峻烈)한 권력체로 작용한다. 요컨대 국체는 그 사상적 내용에서는 수많은 철학·종교·학문을 상호 원리적으로 모순까지 무한포옹(無限抱擁)하여 이를 정신적 경력 안에 평화공존(잡거)시키는 사상적 관용(寬容)의 전통을 자신의 실체로 삼았기 때문에 우리들의 사상을 실질적으로 정서(整序)하는 원리가 아니라, 오히려 부정적인 동질화(이단 배척) 면에서만 강력히 작용했다.

마루야마 마사오는 O정통 및 L정통과 관련하여 마루야마 자신 천황제라는 '정통'이 가장 강력하게 그리고 자주 대자적으로 인식하는 대상으로 사회주의·공산주의·자본주의·학문의자유 등을

11 飯田泰三(2006) 前掲書, p.188.

들고 있다. 하지만 이런 마루야마의 언급을 오모토교에 직접 적용하기에는 부족하다. 2022년 5월 현재 오모토교를 직접적으로 언급한 문헌 혹은 문장을 찾고 있다.

그럼에도 불구하고 천황제를 정통이라고 대자적으로 규정지은 종교 혹은 종교사상은 무엇이었을까? 오모토교에 대해서 좀 더 많은 관심을 가져야 할 이유다.

3. 오모토교의 종교적·정치적 특징과 시련

3-1. 두 차례에 걸친 탄압

현재의 오모토교는 교토부 가메오카시(亀岡市)에 본부를 둔 비교적 소규모 교단이지만, 다이쇼기(大正期)에서 쇼와 전기(昭和前期)에 큰 주목을 받았다.[12]

창시자는 데구치 나오(出口なお, 1836-1918)와 데구치 오니사부로(出口王仁三郎, 1871-1948). 오니사부로는 나오의 사위. 처음에는 각자 따로 활동했다. 그런데 1892년 나오가 신내림(神がかり)을 받은 후 후데사키(筆先, 신내림 이후 나오가 신의 말들을 써놓았다고 주장하는 것)라 불리는 신의 의지를 나타내는 말을 반지(半紙)에 연서했다. 구니노도코다치노미코토(国常立尊)에 의한 것으로 여겨지는 신시(神示)가 「お筆先」로 전해

---

12 이하 井上順孝(2002)『宗教』, ナツメ社, pp.238-239.

左 出口なお 開祖
右 出口王仁三郎[13]

진다. 원래 문맹이었던 나오가 히라가나뿐이지만 자동속기사처럼 신의 뜻을 써 놓았다. 이처럼 개조로서의 나오(なお)의 샤먼적인 영성과 희대의 천재적인 조직자인 데구치 오니사부로의 세속적 능력이 합체하여 「大本」의 교세는 크게 확대해 갔다.[14]

「お筆先」에서는 "세상을 바꾸고 고친다(立て替え立て直し)"는 일종의 종말사상이 주장되고 있다. 오니사부로는 영학(靈學)이나 진혼귀신법(鎭魂帰神法)을 배우기도 했다. 1899년 두 사람이 만나서 긴메이레이각카이(金明靈学会)를 설립했다. 오니사부로는 나오의 5녀인 스미(すみ)와 결혼하여 나오 사후 교단을 지도했다.

하지만 이들의 활동은 위험시되어 1921년 오니사부로가 간부들과 함께 체포되었다(제1차 오모토교 사건). 탄압 관련 죄명은 불경죄 및 신문지법 위반. 1927년 대사(大赦)로 면소된 후 국제화를 꾀하는 등 교단은 다시 활발하게 발전했다. 그러나 1935년 제1차 탄압을 초

---

13 https://ganshoji.com/publics/index/26/detail=1/b_id=1285/r_id=2894/(검색일: 2022.5.25)
14 https://ganshoji.com/publics/index/26/detail=1/b_id=1285/r_id=2894/#&gid=1&pid=2(검색일: 2022.5.25)

왼쪽사진, 제1차 오모토교교사건으로 파괴된 오모토교 본부의 신전=1921년[15]
오른쪽사진, 역시 제1차 오모토교 사건 당시 강제적으로 개축된 오모토교 개조 데구치
나오의 묘=1921년[16]

「大本教本山宮の取毀ち—十月二十日」
(綾部)『寫眞通信』大正十年十月號、大
正通信社(1921年10月)

월하는 대규모의 탄압으로 인해(제2차 오모토교 사건), 교단은 본부가
파괴되는 등 궤멸적인 타격을 입었다. 이후 제2차 세계대전 후까지
활동이 금지되었다. 전후에는 평화운동 등에 힘을 쏟아[17] 종말론적

---

15 藤生明(2021)「『モノ言えぬ』社会はじわりと来る 大本教弾圧100年」『朝日新聞』(2021.
    2.11)
16 藤生明(2021) 上同.
17 전전 침략전쟁에 가담한 일체의 조직・단체・사상이 그랬던 것처럼, 이렇게 말하
    는 이유는 오모토교 또한 침략전쟁 혹은 식민지와 무관하지 않기 때문이다. 이와
    관련된 논문으로는 佐々充昭(2021)「大本教の皇道宣揚運動と人類愛善会朝鮮本部
    の設立 出口王仁三郎と内田良平の提携を中心に」『立命館文学』, pp.281-321가 있다.

색채는 바래졌다.

제2차 오모토교 사건으로 돌아가자. 제1차 탄압에도 건재했던 오모토교에 대한 1935년 12월에 시작된 제2차 탄압은 철저했다. 죄명은 불경죄와 치안유지법 위반. 탄압 당일 30명, 36년 말까지 1,000명에 이르는 신도가 이 법의 위반자가 되었다. 1936년 오니사부로 등이 기소되는 한편 오모토 관련 결사체들이 천황제를 부정한다는 이유로 해산되었다. 동시에 각 현의 특고(特高)[18]를 통해

18 천황제 국가 내에서 그 국가에 반대하는 사회운동 및 사상의 단속을 담당한 경찰의 조직과 활동. 국가적 치안의 유지에 해당하는 정치경찰을 프랑스나 독일에서는 고등경찰(불어 la haute police, 독일어 Hoch Polizei)라 칭했다. 일본에서는 이 고등경찰에 해당하는 임무의 대부분을 반체제운동의 단속을 주로 행하는 기구가 분리독립하여 특별고등경찰이 되었다. 악명이 높았고 천황제 경찰의 대명사가 되었다. 고등경찰로부터 특별고등경찰이 분리된 것은 1910년(메이지 43)년. 대역사건을 계기로 1911년 8월 경시청에 특별고등과(特別高等課, 특고과, 특고경찰)가 설치된 것이 그 처음이다. 이후 동과는 1912년 10월에 오사카부에, 1922년 이후 홋카이도, 교토부 외 7개현에 설치되었다. 3·15사건을 계기로 1928년 모든 현에 설치되었다. 특고경찰의 활동이 본격화한 것은 러시아혁명을 계기로 노동·농민운동, 나아가 사회주의, 공산주의 운동이 광범위하게 전개된 것과 병행한다. 특히 운동의 단속이라는 이름으로 1925년 다이쇼 15년 제정된 치안유지법은 특고경찰의 최대 무기가 되었다. 치안유지법에 의한 1928년의 3·15대검거는 '특고'의 이름을 널리 알릴 기회였다. 이후 특고경찰은 종래의 고등경찰이 담당한 사무를 흡수하여, 조직적으로 비대화하게 된다. 그 결과 경시청에서는 1932년 쇼와 7년 특고, 외사, 노동, 내선(內鮮), 검열, 조정의 6과를 합하여 특별고등경찰부가 생겼다. 1930년대 전반에는 군인·우익에 의한 암살·쿠데타의 시도가 빈발하는 가운데 이에 대한 단속도 담당한다. 1937년 쇼와 12년 중일전쟁 이후에는 한층 비대화하여 반전·반군적활동의 단속도 시작했다. 기독교 등의 종교단체의 단속도 이러한 견지에서 한층 가혹해졌다. 전시의 특고는 운동 및 조직과 전혀 관계가 없는 서민의 언동에까지 개입하였다. 당대 정권의 반대자를 억압·감시하는 역할을 담당했다. 특고경찰은 패전직후인 1945년 10월 4일자 GHQ의 지령(정치적시민적및종교적자유에대한제한의폐지에관한각서)에 의해 해체되었다.(渡辺治(1999)『日本大百科全書(ニッポニカ)』, 小学館의 '特高')
요컨대 특고는 이단 탄압의 행동대원이었다고 말할 수 있을 것이다.

제2차 오모토사건 사진[19]

오모토 포교를 위한 건축된 건조물을 완전히 파괴하라는 명령이
하달되었다. 가메오카 본부는 오모토의 비용으로 파괴하게 하였
고, 그 토지는 거의 공짜로 야베(綾部)시, 가메오카시가 사들였다. 재
판 결과는 1940년 오니사부로 무기징역, 그 외 기소된 전원이 유죄
판결을 받았다. 이에 불복한 오니사부로는 1942년 징역 5년으로
경감되었다. 재판은 대심원으로 옮겨져 1945년 9월 치안유지법,
신문지법 위반은 무죄판결을 받았다. 그 후 대사령(大赦令)으로 소멸
했다.

---

19 https://ganshoji.com/publics/index/26/detail=1/b_id=1285/r_id=2894/(검색일:
2022.5.25)

3-2. 오모토교의 종교적 특질: 다신교적 일신교[20]

교파신도계의 신종교인 오모토교 제단에는 3개의 미야(お宮)가 설치된다. 중심신격인 오모토황대신(大本皇大神)과 교조 데구치 나오 및 데구치 오니사부로로 재림한 구니노도코다치노미코토(国常立尊) 및 도요구모노미코토(豊雲之尊). 한편 오모토교는 이슬람과 교류가 있었다고 한다.[21] 다신교적 신앙형태를 갖는 오모토교가 다신교를 가장 기피하는 이슬람교와 교류했다는 것은, 막스 뮐러(Friedrich Max Müller, 1823-1900)의 유형론에서는 다신교와 유일신교의 중간에 있는 「단일신교」 혹은 「교체신교(交替神教, kathenotheism)」는, 이러한 「단일신교」 단계에서 「(군주적) 다신교」로, 나아가 다른 모든 신의 존재를 부정하는 「유일신교」로 발전한다고 한다.

개조 데구치 나오의 후데사키에 의한 경전인 『大本神諭』에서 중심이 되는 신은 国常立尊다. 이 신이 데구치 나오에게 최초로 빙의한 날을 오모토교에서는 개교(開教)의 날로 정하고 있다. 그런데 『大本神諭』의 안에서 国常立尊보다도 상위에 있는 듯한 암시와 동시에 「御三本の神様」가 반복적으로 언급되고 있다. 그 신명(神名)은 『大本神諭』의 단계에서는 명확하다고 할 수 없지만, 『霊界物語』에서는, 아마테라스,

---

20 이 장은 川島堅二(2012) 「『八百万一神教』 — 大本教の神思想について」 『宗教研究』 85巻 4号, pp.1241-1242, 그리고 발표문으로 보이는 「「八百万一神教」大本教の神思想について」(http://religion.sakura.ne.jp/gyouseki/110904.pdf(검색일: 2022.6.20)에 많은 신세를 지고 있다.
21 이에 관한 연구는 추후의 과제로 하고 싶다.

다카미무스히노오오카미(=厳의 御魂, 出口直의 身魂), 가무미무스히노오 오카미(瑞의 御魂, 出口仁三郎의 身魂), 혹은 イザナギ, イザナミ, アマテラス. 이 세명의 신이라는 점이 명확해진다. 이 모순을 설명하기 위해서『霊界 物語』에서는, 이 세명의 신을 모두 총괄하기 위한 최고 신격을 天之御 中主大神라고 하여, 그 별명이 大国常立大神이며, 데구치 나오로 빙의 한 国常立尊와 구별하는 설명도 있다. (중략) 한편 1903년부터 1908 년까지는 오니사부로가 데구치 나오의 보좌역이라는 종래의 신관념 이 전환되고, 오니사부로로 빙의한 영웅신 スサノウ가 오오모토교를 지도한다 하고, 1923년 총괄에서는 スサノオ가 주된 신이라는 것을 명 언하고 있고, 중심신격으로서의 지위를 차지한다.[22]

이처럼 가와시마 겐지(川島堅二)는 오모토교에서의 스사노오의 중 요성을 설파하는 동시에, 한걸음 더 나아가 오모토교 자체를 일본 판 크리스토교라고 규정하고 있다.[23]

가와시마는 교파신도계의 신종교인 오모토교는 일본에 토착한 기독교로서, 다케다 기요코(武田清子)가 기독교 토착론을 주장한 맥 락에서, 처음 기독교도였지만 기교(棄教)한 후 '황국농민' 교육에 전 념한 가토 간치(加藤完治)와 지향성이 유사한 점이 있다고 한다. 오모 토교의 창시자인 데구니 오니사부로도 한 때 기독교 근거리까지 접근하면서도 이후 거리를 두고 교파신도계 신종교를 만들었다는

---

22 川島堅二(2012) 前揭論文, pp.2-3.
23 川島堅二(2019) 「出口王仁三郎『霊界物語』とキリスト教—キリスト教土着の一事例とし て—」『人文学と神学』no.16, pp.1-12. 그리고 동 저자(2012) 「一神教と多神教のあ いだ—大本教の可能性について」『理想』No.688, pp.97-112를 참조.

점, 그리고 오모토교의 교의에는 본질적으로 기독교의 윤리와 교의(10계와 사도신조)가 담겨있다는 점. 물론 데구치는 고신도를 환골탈태하여 모습은 신도지만 내실은 크리스트교 교단을 창시.

데구치 나오의 「お筆先」에는 크리스토교의 구제사관(사도신조)가 접목되며, (앞의 각주에서 언급한 논문에 수록한 표를 통해 기독교와 오모토교를 자세하게 비교하면서) 오니사부로와 오모토사건이라는 수난을 예수의 수난과 같은 유형으로 보고, 사실상 스스로를 구세주로 생각하고 있었다고 한다. 윤리관도 모세의 10계를 답습하고 있다.

3-3. 데구치 오니사부로와 기타 잇키[24]

만주사변을 계기로 일본 국내외 정세가 급변하여 국가주의 운동이 대두하기 시작했다. 이른바 쇼와유신(昭和維新). 오모토 내부에 성립된 쇼와청년회(昭和青年会)는 그 조직을 확대하여 애국단체의 양상을 갖춘 후 단체적 훈련을 시작했다. 이 때문에 당국은 종교분야를 일탈한 일종의 국가주의 단체로 보게 되었다. 더구나 쇼와청년회・쇼와곤생회(昭和坤生会)는 군부와의 관계를 강화하고 있고, 많은 우익단체[25]와 협력하는 가장 유력한 단체라고 간주하였다. 「昭和維

---

24 이 절 또한 霊界物語.ネット https://reikaimonogatari.net/(검색일: 2022.5.25)에 실린 오오모토의 개교 70주년(1962)년을 기념하여 출간된 『大本七十年史』(上巻 1964년 간행, 총828쪽)(下巻, 1967년에 간행 총 1,326쪽)의 하권 제6편에 의한다.

25 이 '우익'이라는 정의, 태평양 전쟁을 주도한 것도 '우익'이라는 편견, 나치즘・

新」이라는 목표를 내건 군부 혁신파와 연대하여 전국의 여러 단체를 통일적으로 움직이게 한 잠재세력을 갖는 단체라고 생각하게 된 것이다.

이러한 사실은 당시의 경보국장 가라사와 도시키(唐沢俊樹)의 수기(『唐沢手記』)[26]에 잘 나타나 있다.

> 히토노미치(ひとのみち教)를 비롯한 몇몇 소위 신흥종교가 탄압을 당했기 때문에 오오모토교를 단속하는 건 종교탄압의 개시를 알리는 것이라고 믿는 자가 많지만, 오모토의 경우 결코 종교탄압을 위한 단속이 아니었다. 당시 나는 경보국장으로서 당면의 책임을 질 위치에 있었고, 직접 지휘해야 했기 때문에 사정을 가장 잘 알고 있었다. 하지만 신흥종교인 오모토교 자체를 탄압하려는 생각은 전혀 없었다. 2·26사건 발발 전야라고 해야 할 시대적 배경 하에서 데구치 오니사부로(出口王仁三郎)가 우익과 의기투합하여 행한 역할은 상상을 초월했다.
>
> 팽배한 우익혁명의 소동이 노골화하여 좌시할 수 없는 정세하에서 오모토교를 통해 널리 전국의 신자로부터 거두어 올린 거액의 돈이,

---

파시즘도 '우익적'이라는 편견의 부작용은 너무 크다. 2·26사건의 주역인 청년장교들과 이들의 이데올로그인 기타 잇키의 사상적 색채를 해석하기 어렵게 할 뿐만 아니라, 우익은 악, 좌익은 선이라는 이데올로기를 만들기 때문이다. ABCD 포위망이라는 태평양전쟁 전후의 일본의 위협의식은 제국주의 타도를 외치는 좌익에게도, 동양의 수호자 일본에게도 분명히 공유되고 있었다. 내셔널리즘이라는 지점은 우익과 좌익의 공유재산인 것이다. 그럼에도 불구하고 내셔널리즘의 공유가 아닌 '반공'을 수단과 내용으로 하여 O정통과 L정통을 규정하는 한국의 사상대립은 해방 이후부터 2022년 현재까지 상당히 뒤틀린 채 지속되고 있다.

26 「大本教手入れの前後 – 右翼革命の資金ルート遮断 – 」(「信濃往来」 昭和30·2)

데구치의 손에서 우익으로 흘러들어가, 군자금이 되어 우익세력이 크게 성장하여 손댈 수 없을 정도가 될지 몰라서 초집중하고 있었다. (중략) 통수권이라는 그림자에 우리들의 손이 미치지 못하는 곳에 숨어 제멋대로 행동하고, 무력혁명을 주장하는 우익 군인과 오니 사부로가 연결되고, 오모토교의 풍부한 자금이 우익에게 흘러들어가는 그 양동암약(陽動暗躍)이 중대사태를 예견하기에 충분하여 결국 결단을 내리고 오모토교를 진압할 수밖에 없었다.

이를 보면 천황제를 보위하는 자들은 혁명적 사상을 갖는 군인을 두려워했고, 이들 군인과 데구치 오니사부로가 밀접한 관계를 갖고 있으며, 그 군인들에게 흘러가는 자금 루트가 오모토라고 간주하고 있다. 그래서 그 자금원을 끊기 위해 오모토를 탄압할 필요가 있었다고 말하는 것이다.

이 가라사와의 수기는 제2차 오모토사건의 성격을 규명하려는 경우 필요불가결한 문헌이라 생각된다. 「오모토교와 교주 데구치 오니사부로의 동향을 쫓아 우익과 군부의 접촉 정황을 조사한 결과 더이상 일각도 방치할 수 없다고 생각했다. (중략) 우익 군인의 동향은 시시각각 첨예해지고 있었고, 언제 중대한 사건이 발생할지 모른 채 시간이 경과한」 탓에, 그 기선을 제압하여, 오모토교를 탄압함으로써 중대사를 미연에 방지하려고 했다는 것이다. 요컨대 오모토교 수사는 종교탄압과는 무관하다는 것이다.[27]

---

27 大本七十年史編纂会(1967)『大本七十年史』下巻, p.317

　한편, 가라사와도시키의 증언과 관련하여, 『アエラ』(2007년 10월 15일
호)에 저술가 마쓰모토 겐이치(松本健一)에 관한 기사가 실렸다. 마쓰
모토는 「北一輝」를 테마로 상당한 저술을 남겼다. 그런데 기타 잇
키를 언급할 때 오모토교의 데구치 오니사부로와 접점이 있었다고
한다. 각각 전전 최대 거물이라고 할 수 있는 '민간종교가'와 '혁명
사상가' 사이에서 과연 어떤 대화가 있었던 것일까?[28]

　데구치 오니사부로와 기타 잇키의 회담에 대해서는 과거에도 야
스마루 요시오(安丸良夫), 우메사오 다다오(梅棹忠夫)가 언급하고 있지
만, 양쪽 모두 전문(伝聞)일 뿐 구체적인 뒷받침은 없었다. 다타미야
에이타로(田々宮英太郎)[29]는 오니사부로 측근인 고바 쓰기모리(木庭次守)
를 취재한다. 그는 고바로부터 "오니사부로 본인으로부터 기타 잇
키와의 회담의 경과에 대해 직접 들었다"는 증언을 고백한다. 오니
사부로가 고바씨에게 말한 내용은 다음과 같다.

　　성사(聖師)는 사건(제2차 오모토교 탄압사건)에 감사하고 있다고 말씀
　하십니다. 이 말씀에 기겁했습니다. 혹시라도 탄압이 없었다면 자신
　은 살해당했을지도 모른다고 말씀하십니다. 기타가 요구한 금액이
　20만이었는지 25만이었는지(현재의 5억엔)는 기억할 수 없습니다. 하
　지만 그 정도의 거금이었다는 점은 확실합니다. 쇼와신성회(昭和神聖

28　https://amamikyo.amamin.jp/e176163.html(검색일: 2022.5.12) 관련 연구로
　　는 田々宮英太郎(1993)『検索！二・二六事件』雄山閣, (불명)『北一輝と出口王仁
　　三郎－隠された巨頭会談－』, 松本健一(1986)『北一輝伝説』河出書房新社刊, 松本
　　健一(1986)『出口王仁三郎─屹立するカリスマ』, リブロポート
29　주 27)의 저작 참조

会)의 젊은 사람들을 참가시켰으면 한다고 말한 것도 사실입니다. 동료를 수명, 교토에 두고왔다고 말하며 협박하고 있습니다. 성사는 신에게 상담해야 한다고 하며 즉답은 할 수 없다. 마쓰에(松江)에 갈 일정이 발생했는데, 돌아올 때까지 답을 기다렸으면 한다고 말씀하셨습니다. 그러자 기타는, 데구치씨, 이러한 중대한 일을 가감없이 말씀드렸다. 혹시라도 요구가 받아들여지지 않는다면 목숨은 없는걸로 치세요라며 위협했다고 합니다.(「検索！ 二・二六事件」, p.211)

2・26사건이 발발하기 전 기타 잇키가 데구치 오니사부로를 방문하여, 혁명자금으로 25만엔의 자금을 요구했다는 풍문은 야스마루씨도 우메사오씨도 저서에서 쓰고 있다. 그러나 관계자에 의한 구체적인 증언이 나온 것은 다타미야(田々宮)씨의 저서가 처음이다.

오오모토교 제2차탄압이 일어난 것은 1935년 12월 8일, 2・26사건은 다음 해다. 오니사부로와 기타 잇키가 회담한 것은 1935년 12월 10일경 이라고 고바씨는 추정한다.

기타 잇키가 오니사부로에게 「거액의 자금조달을 강요했다」라는 문장을 읽었을 때 처음에는 의외라는 기분이 들었다. 그 이유는 다른 서적에서 기타 잇키의 오니사부로에 대한 신랄한 비판을 목격했기 때문이다. 다타미야씨도 같은 기사에서 기타 잇키의 오니사부로 비판을 제시하면서, 기타 잇키는 오니사부로를 혹평하고 있었음에도 왜 자금조달을 요청했던 것일까라는 의문을 품고 있다. 2・26사건이 진압된 후 「경시청청취서」로부터 인용된 기타 잇키에 의한 오니사부로 평을 마쓰모토 겐이치(松本健一)의 『「北一輝伝説』에서는 기타 잇키가 1919, 20년 경에 오니사부로와 회담했을 때의 감상을 이렇게 쓰고 있다.

173

나, 오오카와 슈메이(大川周明), 미쓰가와 가메타로(満川亀太郎) 3명이 시작하여 동인과 만났습니다. 오오카와는 나와 데구치의 회담을 보고 데구치를 저속하고 품성이 나쁜 자라고 단정하고, 우리들을 향해서도 다시 회견할 필요는 없다고 말할 정도였다. 나도 이상한 모습의 외모라는 인상만을 남기고 그 후에는 마음에 두지 않았습니다. 이해하기 힘든, 신비한 체험에 입각해서 생각해 보면, 오모토 교는 신이 아니라 상당한 신통력만 있는 사령(邪霊)이라는 점을 알게 되었습니다.[30]

이러한 폄하에도 있었음에도 그 후 기타 잇키는 오니사부로와 재차 만나, 아마도 쿠데타용 자금조달도 요구하고 있다. 마쓰모토 씨는 이 기타 잇키의 태도를 「2·26 전년인 쇼와 10년 12월 제2차 불경사건 조작으로 오모토교가 대탄압을 당하고 있다는 점을 배려하고 있는 것이다」라고 하면서 「수괴」 기타 잇키로서는 2·26사건이 오모토교사건 후에 이어진 불경사건이 된다는 점을 염려했던 것은 아니었을까 라고 언급하고 있다.

이를 거꾸로 생각해 본다면 기타 잇키가 오니사부로와의 인연이 깊었기 때문에 오히려 오모토교 탄압과 2·26사건의 관계를 부정해야 하는 위장으로서, 상기와 같은 오니사부로에 대한 혹평에 이른 것은 아니었을까?

다다미야(田々宮)씨는 기타 잇키와 오니사부로의 자금관계는 1회에 그치지 않고, 이전부터 계속되고 있었다는 점을, 오카와슈메이

---

30 松本健一(1986), p.104

(大川周明)의「기타는 두 번째 회견부터 오니사부로에게 돈을 건내도록 했던 것은 아니었을까」라는 문장을 인용한 후, 기바(木庭)씨로부터 이런 증언을 이끌어내고 있다.

> 1920년 9월 날짜는 애매하지만 성사(聖師)가 기타 씨에게 당시의 금으로 천엔(현재의 200만엔)을 건내고 계십니다. 이후 오모토 본부의 회계과장이 된 나카무라 슌야(中村純也)씨로부터 이 사실을 들었습니다.
> 오미야게를 객에게 주라는 성사의 다급한 언질이 계셔서, 돈문제(金策)로 고생한 적이 있었습니다. 여러번 한탄했습니다. 상경하신 성수는 구니노미야(久迩宮)가의 궁무감독(宮務監督)으로, 후에 궁중고문관(宮中顧問官)이 되신 야마다 슌죠(山田春三)씨의 저택에서 1박 하시고, 다음날에는 나카노 이와타(中野岩太)씨의 저택에 가셨습니다. 나카노씨는 동경상공회의소(東京商工会議所) 회두(会頭)의 아드님으로 신자입니다만, 기타씨는 그곳에 내방하여 성사와 만나신 겁니다. 기타씨는 자신이 다테가에(立替え)를 할 거니까, 다테나오시(立直し)는 데구치씨에게 부탁합니다라고 말했다고, 성수는 말씀하셨습니다.[31]

이렇게 오니사부로와 기타 잇키는 의외로 긴밀한 관계를 분명히 했다. 기타 잇키의「나는 다테가에를 할테니까, 다테나오시는 데구치씨에게 부탁합니다」라는 말에서 양자의 사상적 근접성을 확인할 수 있다. 기타 자신 또한 우선 스즈코(すず子) 부인을 영매(霊媒)로

---

31 田々宮英太郎(1993), p.23

하여 신불(神仏)과 인령(人霊)을 불러 모아, 영언(霊言)을 기록한 「霊告日記」를 저술하고 있다. 동시에 인류는 머지않아 신류(神類)로 진화할 것이라는 비젼을 주장한 신비사상가이기도 했다.[32] 그 기타 잇키가 오니사부로의 종교활동을 어떻게 보고 있었는지는 알 수 없지만, 적어도 부정적으로는 보고있지 않았던 것 같다.

오니 사부로도 기타 잇키도 우익이라든가 황도주의자라는 카테고리에는 맞지 않는 존재다. 기타 잇키는 천황제와 일선을 긋고 있었으며, 오니사부로도 오모토교 탄압사건으로 불경죄라고 지탄 받는것 자체가 증명하는 것처럼, 메이지유신에서 시작된 근대천황제를 뒤흔드는 「또 하나의 천황제」「또 하나의 국가」를 세우려고 했다고 생각된다. 바꿔 말하면 근대천황제를 환골탈퇴한 '神의 国'으로서 일본을 새로이 새우려고 했다. 오니사부로에게 「일본의 왕」이란 천황보다 우선인 「구세주」로서의 미륵이며, 스사노오노미코토(素戔嗚命)이기도 했다.

마쓰모토 겐이치는 『出口王仁三郎』(リブロポート刊)에서 오니사부로와 기타 잇키의 유사성을 이렇게 평하고 있다.

기타 잇키와 데구치 오니사부로는 서로 닮았다. 이 닮은 자 둘의 카리스마는 천황제 국가 내에서 결과적으로 그 체제에서 배워, 이른바 「천황」을 「혁명」과 동의어로 하는 변혁의 원리로 만들어, 「天皇＝革命」

---

32 이와 관련한 필자의 논고로는 2017년 6월 「쇼와유신과 니치렌슈 - 19309년대 일본의 정념·궐기·좌절의 사상사적 배경-」『日本研究』제72호, pp.7-35를 참조

국가를 조형하려 했던 것이다.[33]

　전통에 구속된 시대일지라도 카리스마는 유일한 혁명적 세력이다」라는 점은 막스 웨버(『권력과 지배』)의 규정이지만, 기타와 오니사부로는 동시에 천황이 「유일한 혁명적 세력」인 「카리스마」, 요컨대 「真正カリスマ」라는 점을 요청했다.[34]

　이 둘에게는 현실의 천황제나 천황 개인보다도 일본이라는 나라의 극히 영적인 카리스마로서의 「천황」이 염두에 있었던 것은 아니었을까? 기타 잇키가 오니사부로에 대해 자금을 조달하지 않는다면 목을 받겠다고 위협한 것은 그만큼 각오했다는 것이겠지만, 오니사부로와의 긴밀한 관계 그리고 혁명가 동지로서의 오니사부로에 대한 양면적인 감정을 보여준다. 상대가 오니사부로였기 때문에 그렇게 위협할 수 있었던 것일까?

　한편 당시의 내무성이 어떻게 오모토교와 우익, 혁신세력의 연계를 두려워했는지, 대탄압의 주역이었던 내무성 경보국장 가라사와 도시키(唐沢俊樹)의 수기를 통해 이를 알 수 있다. 이하 다다미야(田々宮)씨를 인용한다.

　신흥종교인 오모토교 자체를 탄압하려 한다는 등의 생각은 조금도 없었다는 점을 명언한다. 2 · 26사건 발발 전야라고 해야할 시대적인

33　松本健一(1986)『出口王仁三郎－屹立するカリスマ』, p.206.
34　松本健一(1986) 위의 책, p.207.

배경 속에서, 교토 아야베의 오모토 본부라기 보다는, 데구치 오니사
부로가 우익과 기맥을 통해서 꾀한 역할은 상상을 초월하는 것이었
다. (중략)

통수권이라는 그림자에 숨어서 우리들의 손이 미치지 못하는 곳에
서 제멋대로 행동하며, 무력혁명을 주창하는 우익군인과 오니사부로
가 연결되어, 오모토교의 풍부한 자금이 우익에게 흘러가, 그 양동암
약(陽動暗躍)이 중대사태를 예상시키기에 충분했기 때문에 결국, 의(意)
를 결단하고 일어서야했다.[35]

전전 쇼와기 일본의 역사상 최대의 종교탄압이었던 「오모토교
탄압」과, 이 또한 최대의 군사 쿠데타라고 말할 수 있는 「2・26사
건」은 두 명의 거두 「데구치 오니사부로」와 「기타 잇키」의 기연을
통해서 연결되어 있고, 일종의 국가전복 혹은 내란이라고도 말할
수 있는 양 사건이 연이어 발생한 점은 역사의 필연이었을지도 모
르겠다.

확실한 것은 제1차 탄압과 제2차 탄압은 정치적인 맥락에서는
내용과 성격을 달리하며, 체제측의 가라사와도시키(唐沢俊樹)의 주장
에 방점이 실리는 것이겠지만, 종교적인 측면에서의 일관성에 있
어서는 특히 체제측의 입장에서는 크게 다르지 않을 것이라 생각
된다.

---

35 『信濃往来』昭和30년2월호에서(検索!　二・二六事件」, p.232)

4. 大日本國體와 아마테라스(天照大御神)의 독점

1930년대는 천황제를 근저에서 위협하는 혹은 천황제를 위협한다고 간주되던 수많은 정치적·사회적·학문적인 사건들이 발생했다. 이에 대해서는 군이 언급할 필요가 없을 정도로 널리 알려져 있고, 필자 또한 각주 29)를 포함한 논문에서 1930년대를 스케치한 적이 있다.

본고와 관련하여 언급하고 싶은 것은 1935년의 제2차 오모토교 탄압 사건, 1936년의 2·26사건이다. 전자는 일본의 신화와 신들을 동원하여, 후자는 '천황'을 전면에 내건 사건인 동시에 역설적으로 천황제 통치체제의 근간을 뒤흔든 위관급 청년장교들의 쿠데타사건이다.

이러한 일련의 사건들에 대하여 O정통을 자각하고 L정통을 명확히 선언할 필요를 느끼게 된 체제측은 1937년 3월 30일 문부성으로 하여금 『國體の本義』를 간행하여 대일본제국의 국체를 선명히 선언하기에 이른다.

너무도 익숙한 『國體の本義』第一 大日本國體 一, 肇國를 다시 원문 그대로 인용해 본다.[36]

> 大日本帝国は、<u>万世一系の天皇皇祖</u>の神勅を奉じて永遠にこれを統治し給う。これ、我が万古不易の国体である。而してこの大義に基づき、一大家

---

36 文部省(1937)『国体の本義』(2014『復刻 戦前の国民教育』, 呉PASS出版, pp. 16-17)

族国家として億兆一心聖旨を奉体して、克く忠孝の美徳を発揮する。これ、
我が国体の精華とするところでである。

한편 위 문장의 다음 문장에 나오는 天地開闢이라는 소제목의 내
용은

我が肇國(てうこく)は、皇祖天照大神(あまてらすおほみかみ)が神勅を皇孫瓊
瓊杵(ににぎ)ノ尊に授け給ふて、豊葦原の瑞穂(みづほ)の國に降臨しめ給ふた
ときに存する。而して古事記・日本書紀等は、皇祖肇國の御事を語るに當
つて、先づ天地開闢・修理固成のことを傳へてゐる

요컨대 일본의 천황제는 아마테라스의 후손임을 천명함으로써
자신이 정통임을 주장하고 있다. 요컨대 國體를 통해서 천황이야말
로 일본이라는 나라의 정통임을, 이에 도전하는 행위는 이단임을
천명하고 있는 것이다.

한편, 거슬러 올라가 메이지유신(明治維新) 또한 「神武天皇の世」로
의 「復古」를 통해 정통화되었다.[37] 더 나아가 유신정부는 1868년 3월
「神仏分離令」을 통해 신도의 국교화정책을 외쳤을 뿐만 아니라 아
마테라스의 이단화를 배제하려고 했다. 즉 아마테라스의 변형인
雨宝童子나 大日如来와 동일시되는 것을 금지시키기도 했다.

---

37 이하의 내용은 千葉慶(2006) 「近代天皇制国花におけるアマテラス－両性具有性の
   ゆくえ－」『ジェンダー史学』第2号, pp.5-18에 의한다.

나아가 유신정부는 신도국교화정책에 기반한 천황의 신격화, 천황의 아마테라스화를 획책한다. 1871년 「神祇省の基本方針」은 「今上天皇ハ即チ此世ノ現ツ神ニテ、<u>天照大神ノ御寄ニシテ</u>此顯シ世界ノ蒼生ヲ治メ賜ヘハ、主上ノ御恩ハ、天照皇大神ノ御恩モ同樣ニ奉仰ヘキナリ」(강조, 필자)라고 하여 현세의 아마테라스인 천황상을 강조하고 있다.

전시중의 『思想月報』도 이 시기에 아마테라스의 화신이라 주장하는 교조 구스모토유키사토(楠本幸覚)의 御国教[38] 등을 치안유지법에 의한 검거의 대상으로 삼았다.

5. 맺음말

아마테라스를 독점하고 O정통과 L정통을 주장하는 천황제 시스템. 이에 대하여 천황제 하에서 즉 O정통과 L정통으로부터 이단으로 규정된 오모토교. 양자 중 어느 쪽이 다신교적인 일본의 종교문화와 정치문화를 독점하고 있으며, 일본의 전통 혹은 정통성을 부정하고 있는 걸까?

이에 대한 해답은 그리 쉽지 않다. 아니 그리 간단하지 않다. 왜냐하면 전통 혹은 정통에 대한 '정의'부터 새로이 시작해야 하기 때문이다.

---

38 이 종교 자체 및 교조에 대해서 좀 더 많은 조사가 필요하다고 생각하지만, 2020년 이후의 코로나 대유행은 연구의 진척에도 장애를 초래하고 있다.

하지만 2022년 현재에도 여전히, 상징천황제 하에서도 여전히 일본인들의 대다수는 O정통과 L정통으로 천황제를 고집하려는 것만큼은 분명한 것 같다.

또한 다수의 우익인사들, 자민당, 고 아베 신조 등. 전후 일본의 우익이데올로기가, 통일교에 오염되었다는 인식이 확산되면서, '새로운 일본의 내셔널리즘'이 모색될 것이고, 그 경우 천황제 또한 통일교와 관련되었다는 팩트에도 불구하고, 천황제의 '정통'은 새로운 모습으로 재소환될 것이다.

| 참고문헌 |

편집부(1998)『종교학대사전』, 한국사전연구사.

藤田省三(1997)『異端論断章』, みすず書房.

丸山眞男(2018)『丸山眞男集 別集 第四巻 正統と異端(一)』, 岩波書店.

飯田泰三(2006)『戦後精神の光芒 丸山眞男と藤田省三を読むために』, みすず書房.

井上順孝(2002)『宗教』, ナツメ社.

藤生明(2021)「『モノ言えぬ』社会はじわりと来る 大本教弾圧100年」『朝日新聞』.

川島堅二(2012)「『八百万一神教』-大本教の神思想について」『宗教研究』年85巻4号
(第九部会, <特集>第七十回学術大会紀要)

川島堅二(2019)「出口王仁三郎『霊界物語』とキリスト教―キリスト教土着の一事例とし
て-」『人文学と神学』no.16.

川島堅二(2012)「一神教と多神教のあいだ―大本教の可能性について」『理想』No.688.

「大本教手入れの前後―右翼革命の資金ルート遮断-(「信濃往来」昭和30・2)

大本七十年史編纂会(1967)『大本七十年史』下巻.

田々宮英太郎(1993)『検索!二・二六事件』, 雄山閣.

松本健一(1986)『北一輝伝説』, 河出書房新社刊.

_____(1986)『出口王仁三郎-屹立するカリスマ』, リブロポート.

文部省(1937)『国体の本義』(2014)『復刻 戦前の国民教育』, 呉PASS出版.

千葉慶(2006)「近代天皇制国花におけるアマテラス―両性具有性のゆくえ-」『ジェン
ダー史学』第2号.

노병호(2017)「쇼와유신과 니치렌슈-19309년대 일본의 정념・궐기・좌절의
사상사적 배경-」『日本研究』제72호.

https://amamikyo.amamin.jp/e176163.html (검색일: 2022.5.12)

https://www.oxfordlearnersdictionaries.com/definition/english/heresy?q=her
esy (검색일: 2022.5.23)

ttps://www.merriam-webster.com/dictionary/heresy (검색일: 2022.5.23)

http://www.kportalnews.co.kr/news/articleView.html?idxno=14303 (검색일:
2022.5.23)

https://ganshoji.com/publics/index/26/detail=1/b_id=1285/r_id=2894/ (검색일:

2022.5.25)

https://ganshoji.com/publics/index/26/detail=1/b_id=1285/r_id=2894/#&gid
=1&pid=2 (검색일: 2022.5.25)

https://ganshoji.com/publics/index/26/detail=1/b_id=1285/r_id=2894/ (검색일:
2022.5.25)

제도(制度)가 지닌 문화권력과 서벌턴
일본 개호보험제도를 중심으로

김 경 옥

1. 머리말

이 시대의 서벌턴(Subaltern)은 어느 영역에 있는 어떤 존재를 일컫는 말인가. 서벌턴의 주체란 서벌턴 당사자를 말하는 것이므로 본 연구에서는 서벌턴의 주체를 일본의 '노인'으로 상정하고자 한다. 또 서벌턴이 처해있는 상황이나 서벌턴을 생성하는 과정 및 상태를 서발터니티(Subalternity)라고 한다면, 본 연구에서의 서발터니티는 '노인문제와 노인복지' 영역에서 찾아보고자 한다.

본 주제에의 접근 동기는 노인문제를 해결하기 위해 마련한 노인복지 제도가 오히려 복지서비스를 받는 '노인' 입장에서 볼 때,

예의 '말할 수 없는' 서벌턴 위치에 처할 수밖에 없도록 몰아가고 있다는 의문이 들었고, 이에 대한 문제 제기가 필요하다고 생각했기 때문이다. 따라서 여기에서는 노인복지를 위해 제정한 개호보험제도(노인장기요양보험제도)[1]에 주목하고자 한다.

고령화는 선진국은 물론 개발도상국까지도 21세기의 과제로서 세계적인 이슈가 되었다. 제45차 유엔총회(1990)에서는 매년 10월 1일을 '세계 노인의 날'로 제정할 것을 결의하였고 1991년 10월 1일 세계 각지의 유엔사무소에서 제1회 세계 노인의 날 행사를 열었다. 또 1999년을 '세계 노인의 해'로 선포하며 고령화 사회의 노인문제를 전 세계가 공유하게 되었다.

노인문제는 노인의 건강을 비롯해 경제적 · 정신적 영역을 포괄하고 있으며 노인을 부양하는 가족과 사회의 문제로 다가와 있다. 일본에서도 일찍이 1960년대부터 노인복지법 제정에 이어 사회보험으로 개호보험제도를 도입 제정(1997)하고 시행(2000)하며 노인문제 해결을 위한 법 · 제도적 장치를 마련하였다.

그런데 문제는, 개호보험제도의 서비스를 제공 받는 입장의 노인들이 자신들조차도 인식하지 못하는 가운데 경제적 부담감과 사

---

1 개호(介護)란 한자어의 의미로는 보호에 개입하는 것을 말하지만 한마디로 고령자의 간병과 수발을 의미한다. 일본은 '개호보험제도'라 하고, 한국은 '노인장기요양보험제도'라고 한다. 개호보험은 가령(加齡)의 심신 변화에 기인하는 질병 등 간병 수발이 필요한 '요(要)개호자'에게 보건의료서비스 및 복지서비스와 관련되는 요양 사유에 따라 지급되는 보험제도이다. 구체적으로는 입욕, 배설, 식사 등의 간병 수발, 기능훈련, 요양상의 관리를 비롯한 부수적인 의료 등을 제공한다. 일본, 독일, 네덜란드에서는 통상의 의료보험에서 독립된 사회보험제도로 운영되며 영국과 스웨덴에서는 일반세수를 재원으로 하는 제도로 운영하고 있다.

회로부터 받는 심리적 압박감으로 인해 이 시대의 서벌턴으로 전락할 가능성을 보이고 있다는 점이다. 즉 사회적 약자인 노인을 보호하기 위해 마련한 제도가 오히려 당사자를 더 열악한 입지로 몰아넣거나 정신적 압박과 부담을 가중시키는 결과를 초래할 우려가 있다. 그렇다면 개호보험제도는 누구를 위한 제도인가.

이에 본고에서는 현대 일본사회의 노인문제 해결 방안의 하나인 개호보험제도를 검토하여 제도 자체가 지닌 문제점에 대해 알아보고, 이 문제점이 문화권력으로 작용할 때 노인은 서벌턴으로 전락할 수 밖에 없음을 밝혀보고자 한다.

2. 문화권력과 서벌턴 재고

2-1. 문화권력: 제도의 강제력

일반적인 인식으로 볼 때 크게 구분하면 권력에는 공식적인 권력과 비공식적인 권력이 있다. 공식적인 권력은 법을 기반으로 행사하는 정치권력 등을 말하며 권력의 의미나 용도가 명백하다고 할 수 있다. 그러나 비공식적 권력은 정의가 불분명하며 권력을 행사하는 방식도 명확하지 않다. 예를 들어, 오늘날은 신분 사회가 아니더라도 비공식적인 신분은 존재한다. 그리고 그 신분에 따라 권력이 행사되기도 한다.

비공식적 권력 가운데 문화에서 비롯되는 권력을 문화권력 이라고 한다. 문화는 인간 삶의 양식을 반영하고 있기 때문에 문화권력의 영역 또한 매우 다양하다. 대략 두 종류로 구분해 보면 '가시적 문화권력'과 표면으로 드러나지 않게 작용하는 '비가시적 문화권력'이 있다. 즉 지식, 정보, 미디어처럼 가시적인 것이 있고, 연고나 명성처럼 드러나지 않게 작용하는 것이 있다.

문화권력을 행사하는 문화권력자는 사회의 뛰어난 능력자 또는 지도적 위치의 사람들이 대부분이라고 할 수 있다. 이들은 자신의 위치나 전문지식을 바탕으로 비공식적인 권력을 행사한다. 또 비가시적 문화권력은 사회에 일정한 영향력을 행사하는 위치에 있는 사람을 잘 알고 있다는 것만으로도 얼마든지 문화권력자가 될 수 있다. 흔히 인맥이나 학연 및 지연 등으로 표현되는 연고에서 비롯된 권력이 바로 그것이다.

문화권력은 비공식적이기 때문에 문제시되지 않을 수도 있으나 오히려 그래서 더욱 위험하다고 할 수 있다. 정치권력이나 공권력에는 반드시 책임이 따르게 마련인데 문화권력자는 권력을 행사하여도 그에 대한 책임은 지지 않기 때문이다. 특히 인터넷을 비롯한 정보통신산업이 발달한 현대 사회에서는 권력의 작용은 뚜렷하지만 권력의 주체가 은폐되는 경우가 많으므로 문화권력의 위험성은 더욱 크다. 예를 들어 일종의 여론으로 간주 되는 댓글과 같은 것도 익명성을 이용한 문화권력이다.[2]

---

2 문화권력에 관한 정의는 기미즈카 히로사토(君塚大学, 1997)와 남경태(2019)의 내용을 인용하여 문장구성에 맞게 서술하였다. 君塚大学(1997)「'文化権力'論とその学説史上の位置」,『社会学部論集』第30号, pp.1-14. 남경태(2019)『개념어사전』, 휴머니스트, p.166.

이와같이 문화권력의 영역은 다양하고 광대하여 용어의 인플레이션으로 표현 가능할 정도라고 할 수 있다. 그리고 상황에 따라서는 '문화권력'과 '문화적 권력'[3]의 엄밀한 구분이 요구된다고도 할 수 있다. 따라서 본고에서 다루고자 하는 문화권력에 대해서는 그 영역을 좀 더 명확히 하여 재정의할 필요가 있다.

문화권력을 재정의하기에 앞서 우선 문화에 대한 사전적 정의를 살펴보면, "문화란 자연 상태의 사물에 인간의 작용을 가하여 그것을 변화시키거나 새롭게 창조해 낸 것을 의미한다. 자연 사물에는 문화라는 말이 어울리지 않지만, 인위적인 사물이나 현상이라면 어떤 것이든 문화라는 말을 붙여도 말이 되는 것은 그 때문이다. 예를 들어, 야생화 문화라는 말은 성립하지 않지만 원예 문화라는 말은 성립한다. 즉 가장 넓은 의미에서 문화는 자연에 대립되는 말이라 할 수 있고, 인류가 유인원의 단계를 벗어나 인간으로 진화하면서부터 이루어낸 모든 역사를 담고 있는 말이라 할 수 있다. 여기에는 정치나 경제, 법과 제도, 문학과 예술, 도덕, 종교, 풍속 등 모든 인간의 산물이 포함되며, 이는 인간이 속한 집단에 의해 공유된다."[4]고 되어있다.

사전적 정의에서 주목해야 할 부분은 인위적인 사물이나 현상 가운데 법과 제도를 문화의 영역으로 간주하고 있는 점이다. 즉 인간이 속한 집단에 의해 공유되고 있는 일본의 개호보험제도는 일

---

3 '문화권력'과 '문화적권력'의 구분을 비롯해 어떻게 정의하느냐에 대해서는 다양한 학문 융합의 장을 빌어 별도로 연구할 필요가 있다.
4 한국민족문화대백과사전 https://100.daum.net/encyclopedia/view/14XXE001977 (검색일: 2021.10.20)

본 문화의 일부이다.

다음으로 권력에 대한 사전적 정의를 보면, 남을 복종시키거나 지배할 수 있는 공인된 권리와 힘을 말한다고 되어있다. 이러한 논리로 볼 때 권력은 특히 국가나 정부가 국민에 대하여 가지고 있는 강제력을 말하는 것이라고 할 수 있다.

이러한 내용을 정리해보면, '제도'는 한 사회 구성원의 '문화'이고 '권력'은 '강제력'을 말한다. 따라서 여기에서 말하는 문화권력이란 '제도가 갖는 강제력'을 의미한다. 그러면 일본의 개호보험제도는 공인된 권리와 힘을 지니고 하나의 문화권력으로 작용하고 있는지 확인해 볼 필요가 있다.

2-2. 서벌턴: 노인

오늘날 서벌턴을 특정 인물이나 특정 집단으로 규정할 수 있는가에 대해서는 재고가 요구된다. 예를 들어 어떤 사람이 어느 집단에 속해있고 어떤 위치에 있느냐에 따라 그 사람은 서벌턴의 입장일 수도 있고 그렇지 않을 수도 있기 때문이다. 즉 처한 상황과 보는 시각에 따라 '서벌턴은 말할 수 있는가'라는 물음에 앞서 '서벌턴이라고 할 수 있는가'에 대한 규정을 필요로 할 때도 있다. 따라서 노인을 단순히 서벌턴으로 규정할 수 있는가, 나아가 노인문제를 둘러싼 여러 상황을 서발터니티로 규정할 수 있는가에 대해서는 재고할 필요가 있다.

노인을 서벌턴의 주체로 상정할 수 있는 근거를 보면, 서벌턴

(subaltern)은 "원래 포스트식민주의 이론으로 주로 제3세계 국가에서 헤게모니를 장악한 권력 구조로부터 사회적·정치적·경제적·문화적으로 소외된 사람들을 가리키는 용어다. 그것이 1980년대에 포스트식민주의를 분석하는 이론의 하나로 도입되었고, 오늘날에는 분과적, 지역적 경계를 넘어 역사학·인류학·사회학·인문지리학·문학 등의 분야에서 종속 및 '주변화'된 사회집단, 또는 하층계급 등 행위의 주체자로서 사회적 지위를 얻지 못하고 있는 사람 혹은 집단을 가리키는 용어로 범용 되고 있다"고 정의한다. 그리고 "여성, 일본군'위안부', 부락민, 노동자, 장애인, 노인, 그리고 이와 유사한 사회적 약자들에 관한 현재진행적인 이슈를 중심으로 일본사회 서벌턴 형성의 담론을 분석"해야 함이 언급되고 있다.[5] 여기에서 서술하고 있는 내용을 보아도 알 수 있듯이 '노인'은 이미 행위 주체자로서의 사회적 지위를 얻지 못하고 있는 사람이며 따라서 서벌턴의 주체로 인식하고 있다.

서벌턴이란 사회적 약자로서 권력의 구조로부터 사회·정치·경제·문화적으로 배제되고 억압당하는 사람들을 가리키는 용어이다. 서벌턴/서발터니티 연구는 역사적으로 안토니오 그람시(Antonio Gramsci)를 출발로 하여 가야트리 차카라보르티 스피박(Gayatri. C. Spivak)에 이르기까지 시대와 상황에 따라 다양한 프리즘으로 투영해왔다. '하층민' 또는 '하위 주체'를 의미하는 서벌턴은 지배 계급의 헤게모니에 종속된 사회집단으로, 또 포스트 식민사회에 대한

---

5 한국외국어대학교 일본연구소(2019) 「인문사회연구소지원사업 연구계획서」, p.16 인용.

과제로, 그리고 이미 객관화·주체화된 서벌턴이 주체로 호명되고
있더라도 사실은 '주체 효과(subject-effect)'일 뿐이라는 논리로, 이렇
듯 여러 명제를 만들어왔다.[6]

　가야트리 스피박(2013)[7]은 '서벌턴은 말할 수 있는가'를 통해 서벌턴
자신은 그 어떤 상황도 스스로 표현할 수 없으며 서벌턴의 입장을 누
군가가 대변한다고 해도 대변인의 언어와 표현으로 하기 때문에 서
벌턴 자체를 왜곡하거나 제대로 알지 못한다고 했다. 스피박의 논리
로 보면 서벌턴은 스스로 말할 수 없기 때문에 침묵하고 있다는 것인
데, 그렇다면 누군가가 그 침묵을 읽어내는 것이야말로 서벌턴을 '말
할 수 없는'에서 '말할 수 있는'으로 만드는 하나의 방법이 될 것이다.

　일본의 개호보험제도는 노인문제를 해결하기 위한 노인복지제
도의 하나이다. 그런데 이 제도 자체가 지닌 비현실성 등의 문제로
인해 제도의 혜택을 받아야 하는 노인이 자신들도 모르는 사이에
제도의 활용은커녕 오히려 제도로 인한 피해자가 되어 있다면 이
는 제도가 문화권력을 지니고 있음을 말하는 것이다. 그리고 자신
들이 피해자라는 사실조차도 의식하지 못하는 노인들은 이 제도적
문화권력에 의해 스스로 '말할 수 없는' 서벌턴이 될 수 밖에 없다.

6　그러나 오늘날 급변하는 사회구조와 양상 속에서 과연 기존의 서벌턴/서발터
니티 개념을 현재에 그대로 적용할 수 있는가. 적용 가능하다고 하더라도 과연
바람직한가. 또 현재적 상황에서 서벌턴/서발터니티의 주체로 삼을 수 있는 대
상은 누구이며 어떠한 상황인가. 이러한 의문을 풀어가기 위해 서벌턴/서발터
니티의 개념을 재고하여 새롭게 정리하고 말할 수 없는(없었던) 서벌턴/서발터
니티를 찾아내는 것이 서벌턴 연구자들의 향후 과제라고 할 수 있다.
7　로절린드 C. 모리스, 가야트리 차크라보르티 스피박 외 역 태혜숙 외(2013), 『서
벌턴은 말할 수 있는가』, 그린비, pp.42-139.

개호보험제도의 문제점에 대한 검토를 필요로 하는 이유가 여기에 있는 것이다. 다시 말해 개호보험제도의 검토를 통해 노인들을 '말할 수 없는' 상황에서 '말할 수 있는' 상황으로의 전환을 기대할 수 있다. 위에서도 언급한 바와 같이 예외의 경우도 있겠으나 '노인'은 자타가 오늘날의 사회적 약자로 인식하고 있다. 더구나 노인을 둘러싼 여러 문제는 일본사회의 현재진행적인 이슈이다. 이러한 점이 노인을 서벌턴으로, 또 노인문제와 노인복지를 서발터니티로 상정할 수 있는 근거라고 할 수 있다.

3. 노인문제와 개호보험제도

3-1. 노인문제와 노인복지

노인문제란 노화 과정을 통해 심신의 기능이 쇠퇴해지고, 사회적 지위의 변동이 있으며, 경제적인 자원 등이 감소하여 생활상 여러 문제를 갖게 되는 것을 말한다. 고령자의 일상적인 생활 영위를 둘러싸고 고령자 자신 혹은 가족이 해결할 수 없는 상태가 발생하는 것으로서 건강에 관한 문제를 비롯해 생계·취업·주택·교통·교육·여가활동 등의 복잡하고 다양한 문제가 있다. 노인문제는 고령사회라는 노인 인구의 증가뿐만이 아니라 도시의 핵가족화를 비롯해 실업 등으로 인한 문제 등 심각한 사회문제로 부각 되고 있다. 또 노인 인구가 급격히 증가하는 현대 사회에서 사적으로 부양을 감당할 능력은 점점 약해지고 사회적 부양 능력은 아직 미성숙하다는 점에 노인문제의 심각성이 있기 때문에 사회현상 및 사회문제를 포괄하는 과제라고 할 수 있다.

따라서 각국에서는 노인이 남은 여생을 보내는 과정에서 최소한의 인간 존엄성을 유지하며 생활할 수 있도록 하고, 노인뿐만 아니라 노인을 부양하는 가족들 삶의 질을 향상 시키기 위한 관심이 고조되어있다. 범국가적으로 '세계 노인의 해'를 비롯해 '세계 노인의 날'을 재정한 것은, 노인문제가 한 국가나 사회에 국한된 문제가 아니라 이 시대가 함께 풀어가야 하는 과제라는 것을 상기시키는 것이라고 할 수 있다.

일본의 경우 이미 2010년 고령화율 23%를 넘어서며 세계적으로도 드문 초고령사회[8]에 직면하게 되었다. 따라서 기존의 사회구조로 대처하기 어려운 다양한 문제에 봉착했다. 의료와 복지를 비롯해 사회보장 제도나 재원의 문제, 현역 세대의 감소 및 인구 감소에 수반하는 경제성장률의 침체, 또 고령자 생활 수준의 저하가 문제의 중심에 있다.

첫째, 의료·복지 측면에서의 문제점을 자세히 살펴보면, 지속적으로 고령자가 급속히 증가하는 가운데 질병 구조의 변화와 요개호자 수의 급증으로 인해 종래의 의료제도로는 대응하기 어렵다는 점이다. 또 점점 개호가 가능한 사람이 감소하기 때문에 노인이 노인을 개호해야 하는 상황의 증가가 문제라고 할 수 있다. 둘째, 사회보장제도와

---

8 고령사회는 65세 이상 고령자 비율이 인구의 7%이상, 초고령사회는 인구의 21%이상을 말한다.

재원 측면에서의 문제점은 의료 및 간호비를 중심으로 사회보장에 관한 '급여'와 '보험료 부담'의 밸런스가 무너질 것이라고 전망하고 있다. 세금이나 사회보험료를 납부하는 사람의 입장에서 부담 증대를 억제하면서도 지속 가능한 제도를 실현하는 것이 사회보장제도의 기본이다. 그러나 그 상태를 유지하기 위해서는 재원의 확충 문제를 해결해야 한다. 셋째, 경제성장률 침체 측면에서의 문제점은 현역 세대의 노동력이 감소할 뿐만 아니라 총인구 감소도 병행되어 일본의 경제활동이 둔화될 것으로 보고 있다. 넷째, 고령자 생활 수준의 저하 측면에서 보면 노동력을 활용하기 어렵다는 것과 사회로부터 분리되는 고립감 등 경제력이나 건강수명에 대한 불안으로 삶의 질이 저하되거나 인간답게 살아갈 의욕을 상실하는 문제점을 안고 있다.

이러한 노인문제에 대한 대책으로 일본은 현재 개호보험제도를 시행하고 있다. 정기룡 외(2018)에 의하면 "일본에서는 전 국민의 의료보험 및 연금제도 시행(1961)과 더불어 노인복지법이 제정(1963)되어 노인복지에 대한 관심이 높아졌으며, 1970년대에 들어서부터는 인구 고령화로 인해 노인문제에 대한 관심이 사회적으로 확산 되었다. 그 후 노인복지를 비롯한 일본 정부의 사회보장에 관한 정책적 대응은 경제성장과도 관련하여 제도 수립과 제도보완 및 제도개혁을 추진하는 과정을 거쳤다. 그 결과로서 개호보험을 사회보험으로 도입하게 되었는데, 이를 계기로 노인복지 분야에서 복지서비스의 공급이 다양화 되었다."고 말한다.[9]

---

9 정기룡・원지연(2018)「일본의 노인복지서비스에 관한 고찰-개호보험 도입 배경을 중심으로-」『일본근대학연구』제59집, p.416.

이렇게 다양한 분야에서 대책이 이루어지고 있는 가운데 개호보험제도에서 주목할 필요가 있는 것은 '지역 밀착형 서비스'이다. 이는 2006년에 새로 도입한 서비스로서 일본이 2025년을 맞이했을 때의 고령 인구와 수급자 상황을 염두에 두고 고령자의 존엄 유지와 자립 생활 지원을 목적으로 마련한 제도이다. 고령자가 되도록 익숙한 지역에서 생활하며 삶의 마지막까지 자신이 원하는 자신다운 삶을 이어갈 수 있도록 지역의 포괄적인 지원과 서비스 제공 체제를 구축하는 것이다. 그 구체적 실천 내용을 보면, 고령자의 취업 및 소득은 물론이고 건강 및 복지, 학습 및 사회참여, 그리고 생활환경 정비로 각각 구분하여 점차적으로 지원책을 마련하고 있다.

한편, 한국의 경우 노인문제는[10] 노인부양의 책임이 자녀를 중심으로 한 가족에게 있는 것으로 인식하고 있기 때문에 노인은 가족과 함께 동거하는 것을 원칙으로 생각했다. 그러나 도시화 및 핵가족화로 말미암아 가족 중심으로 이루어지던 노인부양에 심각한 위기가 왔다. 세대가 함께 생활하는 가구 수가 감소한 것은 물론 여성의 평균수명이 남성보다 높아서 여성 노인이 더 많다. 이는 가령이 진행될수록 부부가 노후에 함께 생활할 수 없는 상황이 되고, 따라서 여성 노인들의 고독한 삶이 증가한다는 것을 시사한다. 또 65세

---

10 본고 'Ⅴ. 한국의 시사점'에서는 일본의 개호보험제도와 같은 노인장기요양보험제도를 시행하고 있는 상황을 서술하고 있다. 이에 대한 이해를 돕기 위해 노인문제에 관한 상황의 일부분은 '노인문제'에 대한 사전 내용을 참고하여 한국의 경우를 예로 들었다.
두산백과 https://terms.naver.com/entry.naver?docId=1077258&cid=40942&categoryId=31637(검색일: 2021.10.20)

이상의 노인 주거지 분포를 보면 남성 노인은 농촌이 높으며 여성 노인은 서울이 높다. 더구나 고령화의 급속한 진행으로 인해 빈곤, 질병, 고독이라는 노인의 3대 문제가 더욱 심각해지고 있는 것이 현 실정이라고 할 수 있다.

노인의 요구 가운데 가장 먼저 해결해야 할 문제는 저소득층 노인을 위한 빈곤 해결이며 이를 위한 경제적 지원이다. 그리고 건강 유지를 위한 식생활 문제 해결과 의료지원 등이 필요하다. 그다음으로 고독을 해결할 수 있는 여가선용 방법을 마련해야 할 필요가 있다.

이러한 노인문제에 대한 해결은 국가적 차원에서의 노인복지 정책이 요구되는 상황이라고 할 수 있다. 한국사회에서도 1981년 노인복지법을 제정하였고 이를 근거로 각 지방 정부에서는 노인의 안정된 생활과 건강유지를 위한 시책을 마련해가고 있다. 그 일환으로 제정한 것이 일본의 개호보험제도와 같은 노인장기요양보험 제도이며 이에 대해서는 후술하게 될 'V. 한국의 시사점'에서 다시 한번 언급하고자 한다.

3-2. 개호보험제도

일본의 개호보험법은 1997년 12월 9일에 제정되었고, 2000년 4월부터 사회보험으로 시행하면서 사회 전체가 노인들에 대한 케어를 책임지고 있다. 개호보험제도를 도입하고 시행한 후 5년간을 평가(2005)하여 그 결과를 바탕으로 개호보험법을 대폭 개정하였으며 지금까지도 수차례 개정을 거듭하고 있다.

개호보험서비스를 이용하고자 할 경우 요지원(要支援) 또는 요개호(要介護)자로 인정을 받아야 한다. 요지원과 요개호는 케어를 받아야하는 상태에 따라 등급이 다르게 구분되며, 이용자의 자기부담액은 기본적으로 10%이고 소득에 따라 30%까지 부담한다. 개호보험을 이용할 수 있는 서비스의 종류는 크게 세 부류로 구분되어 있다. 서비스의 구체적인 내용은 다음과 같으며 요지원과 요개호의 등급에 따라 이용할 수 있는 서비스가 다르다.

첫째, 재택 서비스가 있다. 이는 이용자의 집에서 거주하면서 받을 수 있는 서비스로서 크게 3가지 종류로 구분된다. 우선 '방문서비스'는 집까지 직접 방문해 받을 수 있는 돌봄서비스 전반을 말한다. 목욕이나 식사 케어 등의 일상생활에 필요한 개호나, 의료 및 재활 등의 서비스를 자택에서 받을 수 있다. 다음으로 '통소(通所) 서비스'는 집에서 다니는 시설에서 받을 수 있는 서비스이다. 다양한 개호를 실시하는 '데이서비스'나, 재활 등을 하는 '데이케어'를 이용할 수 있다. 마지막으로 '단기입소 서비스'는 이용자가 시설에 단기간 숙박하면서 개호 서비스를 받을 수 있다. 동거하고 있는 가족의 입원 등으로 인해 일시적으로 간호를 할 수 없는 상황이 되었을 때 활용한다.

둘째, 시설 서비스가 있다. 시설에 입주하여 받을 수 있는 돌봄서비스를 말하며 24시간 체제로 돌봄을 받을 수 있다. 요지원이나 요개호의 등급에 따라 입주 가능한 시설이 다르다. 시설에는 특별 양호 노인홈(개호 노인 복지시설로 요개호 3등급 이상 이용 가능), 돌봄 노인 보건 시설(요개호 1등급 이상), 요양형 의료 시설(요개호 1등급 이상), 돌봄 의료원(요개호 1등급 이상)이 있다. 요개호 1등급 이상으로 되어있는 시설이라도 기본적으로는 요개호 4-5 등급의 인정을 받은 사람부터 우선으로 이용할 수 있다.

셋째, 지역 밀착형 서비스가 있다. 치매 환자나 고령자가 스스로 생활하기 어렵다고 해서 요양원이나 환경이 다른 시설에서 생활하기 보다는 자신이 생활해왔던 익숙한 지역에서 생활할 수 있도록 지원하는 것으로 방문·통소형 서비스, 치매 대응형 서비스(그룹홈 등), 시설·특정시설형 서비스, 소규모 다기능형 거택 돌봄 서비스가 있다. 사실상 급여액을 감축하여 국가의 재원확보 부담을 덜고자 시행한 서비스이다.

개호보험 서비스에는 이용한도액이 있기 때문에 규정된 한도액 내에서 이용할 수 있으며 한도액을 초과하는 이용에 대해서는 전액 자기 부담으로 한다. 요지원 등급을 인정받지 못한 사람이 이용을 원할 경우에도 전액 사비로 부담해야 한다.

〈표1〉 개호 등급별 수급한도액 및 자기부담액(월/엔)

등급	수급한도액	자기부담액 10%	자기부담액 20%	자기부담액 30%	비고
요지원 1등급	50,320	5,032	10,064	15,096	등급이 없는 경우는 100% 자기부담
요지원 2등급	105,310	10,531	21,062	31,593	
요개호 1등급	167,650	16,765	33,530	50,295	
요개호 2등급	197,050	19,705	39,410	59,115	
요개호 3등급	270,480	27,048	54,096	81,144	
요개호 4등급	309,380	30,983	61,876	92,814	
요개호 5등급	362,170	36,217	72,434	108,651	

위의 <표1>은 개호 등급별 수급한도액과 자기부담액을 나타낸 것이다. 표를 참고로 하여 자기 부담액의 인상에 주목할 필요가 있다. 위의 표에 나타난 바와 같이 2018년 8월부터 일본 고령자들은 개호서비스 이용시 자기분담액이 최대 30%까지 늘어나게 되었다. 처음 개호보험제도를 시행할 당시부터 자기부담액 10%를 원칙으로 해왔으나 2차례 개정을 거쳐 일정 소득 이상의 고령자에게 더 부담하도록 한 것이다.

이러한 제도 개정은 개호보험의 지속성을 유지하기 어렵다고 판단했기 때문이다. 개호보험 혜택의 대상자가 늘어나는 초고령화 사회가 되면서 국민들이 부담해야 할 비용은 점점 증가하고 있다. 일본 국민이 부담해야 할 개호보험 급여비는 2000년 3조엔 정도에서 출발하여 2017년 기준 10조엔을 초과했으며 2025년에는 21조엔이 될 것으로 전망한다. 국민 부담이 증가하는 것은 수급자의 증가가 원인이지만 단순히 수급 대상자의 숫자가 증가하는 양적 증가 때문만은 아니다. 사실상 수급 대상자의 질적 변화가 재정적 압박을 초래하는 것에 그 심각성이 있다고 할 수 있다. 개호가 필요한 고령자의 연령이 높아짐에 따라 자연히 수급 등급이 높아지면서 1인당 개호 비용이 폭증하게 된다. 따라서 개호보험제도를 지속하기 위해서는 재원확보와 수급자의 급여억제가 가장 큰 과제이다.

미하라 다카시(三原岳)[11]는 향후 급여비 증가에 대한 대책에 대해

---

11 三原岳「介護保険の自己負担、8月から最大3割に~求められる一層の財源確保、給付抑制の議論~」ニッセイ基礎研究所レポート.
https://www.nli-research.co.jp/report/detail/id=59466?pno=2&site=nli#anka4
(검색일: 2021.10)

"자기 부담의 인상만으로는 한계가 있다. 이에 정부는 개호예방을 통해 요개호 인정 개선을 도모하는 '자립지원'에 의한 급여억제를 기대하고 있지만 그만큼 많은 것을 기대할 수 없다. 이를 위해 안정적인 재원을 확보한 뒤 세금 투입 확대나 40세 이상으로 정한 보험료 대상 연령 인하와 같은 재원확보 방안, 혹은 경도장애 급여 삭감 등의 비용 억제책을 검토할 때가 됐다."고 하며, 개호에 필요한 재원을 어떻게 확보할 것인지, 또 어디까지 공적 보험으로 해결할 것인지에 대해 심사숙고해야 할 필요가 있다고 말한다.

이러한 재원확보 문제에 봉착한 일본은 일찍이 개호보험 급여비 감소를 위해 개호를 '예방'할 수 있도록 그 대책을 마련하고자 전술한 바와 같이 개호보험법을 수정(2006)했다. 개호예방 서비스는 가능한 한 개호를 필요로 하지 않고 지역이나 자택에서 자립적인 생활을 할 수 있도록 조기에 예방 대책을 실시하는 서비스이다. 이러한 대책의 연원은 연령에 따라 급여비 차가 크다는 점에서 비롯되었다. 2015년을 기준으로 연령별 1인당 급여비용이 75-79세가 약 17만 엔이고, 90세 이상의 경우 연간 약 160만 엔으로 약 9배 정도의 차이가 난다. 만약 2025년 베이비붐 세대 7백만 명이 75세가 되면 보험급여 비용이 기하급수적으로 증가할 수밖에 없는 구조인 것이다. 따라서 '자립지원'을 통해 개호가 필요한 상태가 되지 않도록 미리 예방하자는 것이다. 즉 요(要)개호자들에 대한 급여를 최대한 억제하려는 노력의 일환으로 '개호예방'을 강조하고 있는 것이다.

4. 제도가 지닌 문화권력과 서벌턴

4-1. '개호예방'의 의미

위에서 살펴본 바와 같이 개호보험제도 시행에서의 급여비 증가에 따른 부담을 감소하기 위한 방편으로 '자립지원'에 주목하였다. 개호예방 시행을 목표로 개정된 개호보험법[12] 내용은 다음과 같다.

<개호보험제도의 기본이념>

제1조(목적) 본 법률은 가령(加齡)에 따라 발생하는 심신의 변화에 기인하는 질병 등에 의해 요(要)개호 상태가 된 자들을 위한 법이다. 입욕, 배설, 식사, 기능훈련, 간호와 치료, 요양관리, 기타 의료를 필요로 하는 자가 존엄성을 유지하고 보유한 능력에 따라 자립적인 일상생활을 영위할 수 있도록 해야 한다. 따라서 필요한 보건의료 서비스 및 복지서비스에 관한 급여를 실시할 필요가 있다. 국민 공동연대의 이념에 기반한 요양보험제도를 마련하여 보험급여 등에 관해 필요한 사항을 규정하고 국민 보건의료 향상 및 복지 증진을 도모하는 것을 목적으로 한다.

제4조(국민의 노력 및 의무) 국민은 스스로 요개호 상태가 되는 것을 예방하기 위해 가령에 따라 발생하는 심신의 변화를 자각하여

---

12 厚生労働省介護保険制度の基本理念.
https://www.mhlw.go.jp/bunya/shakaihosho/seminar/ dl/09c_0003.pdf(검색일: 2021.10)

> 항상 건강 유지 증진에 힘씀과 동시에 요개호 상태가 된 경우에도
> 자진해서 재활 및 기타 적절한 보건의료서비스 및 복지서비스를 이
> 용함으로써 보유한 능력 유지 향상에 노력해야 한다. 국민은 공동
> 연대의 이념에 근거하여 요양보험사업에 필요한 비용을 공평하게
> 부담한다.

개호보험제도 기본이념에서의 '예방'은 건강한 생활을 오래 지
속하여 돌봄을 받는 상태가 되지 않도록 해야 한다고 되어있다. 그
리고 개호가 필요하게 된 경우에도 더 이상 정도가 심해지지 않게
개선해 나가도록 스스로 노력해야 한다고 명시하고 있다. 이러한
법은 고령자에게 건강 유지를 의무로 규정하고 있는 법이며, 국민
의 의무 규정은 강제성을 내포한다.

개호보험제도와 권력에 관해 후쿠이 에이지로(福井 栄二郎, 2009)는
개호보험제도가 '조치에서 계약으로', '가정에서 사회로'[13]라는 슬
로건이 보여주듯이 개호보험제도의 시행은 일본 고령자 복지의 전
환점이기도 했다는 점을 언급했다. 그리고 동시에 노동자 인구의
감소, 의료비의 증대라는 문제에서도 알 수 있듯이 '저출산 고령
화'라는 현상이 국가가 개입해야 할 '리스크'임을 시사하고 있다고
했다. 또 개호보험제도는 2006년도에 대폭 수정되어 '개호예방'에
중점을 두게 되었으나 프랑스의 철학자 미셸푸코(M. Foucault)가 『앎

---

13 '조치에서 계약'으로 전환했다는 의미는 노인 복지에 관한 문제를 과거에는 사
회적 조치로 인식하고 해결했다면 개호보험제도의 도입으로 보험이라는 계약
이 되었다는 뜻이다. 또 '가정에서 사회로'는 노인케어를 과거에는 가정에서 가
족이 담당했다면 현재는 사회가 케어를 담당해야 하는 것을 의미한다.

의 의지』에서 제시한 바이오 파워(bio-pouvoir), 즉 '생명권력'이라는 개념을 예로 들며, '개호예방'에는 여러 가지 문제가 산적해 있음을 지적하고 있다.

푸코(1990)에 의하면 중세 군주제 주권이 갖는 특징은 '죽일 권리'가 있다는 것이고, 근대 이후의 정치 권력은 삶을 표적으로 하여 관리하고 통제하는 '살려두는' 권력 즉, '생명권력'이라고 한다. 생명권력에는 두 가지 형태가 있는데 하나는 공장·학교·감옥 등에서 신체의 규율·훈육을 목표로 하는 '해부정치(解剖政治)'를 말하고, 다른 하나는 출생·사망률의 통제, 공중위생, 주민의 건강에 대한 배려 등의 형태로 삶 자체의 관리를 목표로 하는 '생명정치(生政治)'를 말하는 것으로 점차 전자에서 후자로 비중이 옮겨졌다고 한다. 생명권력은 권력이 신체에까지 직접 작용하고 영향을 주는 개념으로, 권력은 신체를 통해 사회적 지배를 이룬다는 것이다.

또 그는 개정된 개호보험제도를 통해 권력이 어떻게 노인의 삶에 작용하는가에 대해 언급하며, '예방형 개호보험제도'가 시사하고 있는 것은 '늙지 마라', '치매에 걸리지 마라' 라는 '규범'이라는 것이다. 정정한 노인은 '옳은 사람'으로, 쇠약한 노인은 '비정상적인 사람'으로 후자를 기피하는 것이라고 한다. 후쿠이 에이지로의 이러한 논리는 개호보험제도의 기본이념에 명시하고 있는 '예방'의 의미를 재고할 필요성을 뒷받침한다. 요개호 상태가 되지 않도록 '예방'할 것을 국민의 의무로 규정하며 강제하는 것은 개호보험이라는 제도가 지닌 권력이 발휘되는 것으로 볼 수 있다.

네오리버럴리즘(neo-liberalism)적인 풍조 속에서 '노인'이라는 것을 자연스럽게 인식하고 받아들이는 것이 아니라 라이프 스타일로서 스스로 선택하게 되었다고 하며 그것은 규율훈련형의 권력 장치 제도가 과도한 현재, 우리의 주체가 어떻게 형성되어 가는가 하는 문제로도 연결되어 있다고 말한다. 즉 우리는 그 늙음의 규범이나 위험을 내면화하고 늙어가면서 더더욱 '승리하는 노인'을 지향하게 되는 경쟁 속으로 발을 딛게 된다는 것이다.[14]

한편, 류 니키(立二木)[15]는 2006년 개호예방이 도입되고 5년간 발표된 후생노동성의 자료와 의료적 측면에서의 국내외 실증연구를 토대로 연구를 진행했다. 그 결과, "해외에서의 랜덤화 시험의 종합적 결과와 보건의료서비스 일반 경제평가의 상식에 비추어 볼 때 개호예방 전체에 큰 비용억제 효과가 있다고 주장하는 것은 무리이며 엄격하게 말하면 환상이다."라고 한다. 즉 개호예방의 효과는 환상이라는 것이다.

이상에서 살펴본 바와 같이 개호보험제도는 개호예방을 중시하면서 규범을 요구함으로써 제도의 강제성을 보인다. 이는 개호보험제도가 문화권력을 지니고 있음을 나타내는 것이다. 그리고 동시에 인간이 늙음을 위험으로 인식하고 앞으로 그 늙음의 규범과 위험을 내면화하며 자신도 모르는 사이에 새로운 주체를 형성하게 된다. 즉 환언하면, 개호보험제도에서 요구하는 개호예방의 규범은 노인에게 건강하지 않으면 사회에 피해를 입힌다는 압박감을

---

14 福井栄二郎(2009)「介護保険制度と生—権力」,『第43回研究大会発表要旨集』, 日本文化人類学会, p.1.
15 二木立(2012)「介護予防の問題点—医療経済・政策学の視点から」『日老医誌』, 日本老年学会, p.56.

가중시키고 노인에 대한 부정적 인식을 초래함으로써 노인을 서벌 턴화 하고 있는 하나의 요인이라고 할 수 있다.

4-2. 제도와 현실의 괴리

노인을 서벌턴으로 전락시킬 또 하나의 요인으로 개호보험제도 의 자기부담 비용의 증가를 들 수 있다. 자기부담비용 인상을 일부 는 '복지축소'로 받아들이기도 하고 더구나 개악(改惡)으로 표현하 는 경우도 적지않다. 자기부담 비용의 증가라는 것이 구체적으로 어떠한 상황을 초래하게 되는가에 대해 알아보자.

첫째, 시설 이용료의 부담에 대해 살펴보면, 65-74세의 이용료를 소득에 관계 없이 일률적으로 20% 지불해야 한다. 10% 부담에서 도 이용료가 너무 비싸 지불할 수 없다고 개호 서비스의 이용을 포 기해 버리는 사람들이 많았다. 그렇지 않아도 비싼 이용료를 소득 에 관계 없이 두 배로 올리는 것은 이용자에게 큰 영향을 미치는 문 제라고 할 수 있다. 국민연금의 평균 수급액은 월 4·4만 엔이다. 이 중에서 이용료를 어렵게 모으며 빠듯하게 살고 있는 사람이 많 다. 또 빈곤이 확산되고 있어 불안정한 직장에 다니는 자녀가 부모 의 연금에 의지해 생활하고 있는 가정도 드물지 않다. 이용료가 2 배로 증가하면 소득이 낮은 사람일수록 개호보험 이용을 포기할 수 밖에 없다. 이른바 건강 격차가 심화되는 것이다.[16]

---

16 건강 격차는 보건 서비스에 접근이 쉬운 사람과 그렇지 않은 사람 사이의 격차 가 얼마나 큰지를 나타내는 지수다. 격차가 큰 국가일수록 가난한 사람들의 보

일본이 건강 격차 사회라고 말하는 콘도 카츠노리(近藤克則)[17]의 연구에 의하면 지역과 환경에 따라 건강 격차가 나타난다고 하며 소득이 낮을수록 개호가 필요한 상태가 될 가능성이 높다고 한다. 이러한 결과는 개호보험의 자기부담액이 증가하면 개호를 가장 필요로하는 사람이 오히려 더 서비스를 받기 어려운 상황이 되는 것을 말한다.

둘째, 요개호 2등급 이하[18]의 수급자는 복지 용구 대여를 자기부담으로 해야 한다. 자기부담화란 보험급여 대상에서 제외하고 전액 자비가 되는 것을 말한다. 즉 기존에는 10%만 부담했던 비용을 10배로 지불하지 않으면 안 되는 것이다. 복지 용구는 지팡이, 휠체

건 교육, 예방, 치료 등이 보장되지 않고 있다는 것을 의미한다. 건강 불평등 격차를 낳은 것은 소득과 학력으로, 소득과 학력의 양극화는 건강 불평등으로 이어진다. 한국의 경우 2013년 6월 18일 보건사회연구원이 암환자 4만 3,000여명의 소득계층별 생존율을 분석한 「우리나라 건강 형평성 현황 및 대책」 보고서에 따르면, 똑같이 암에 걸려도 고소득층의 생존율은 저소득층에 비해 뚜렷하게 높았으며, 학력 격차에 따른 사망률은 8배 이상 차이 나는 것으로 나타났다. 한국 사회의 건강 불평등은 소득과 학력처럼 대물림되고 있다. 인맥 사회의 그늘도 건강 불평등 격차가 발생하는 요인 가운데 하나로 지적되는데, 대표적인 게 병원 대기 시간이다. 인맥이 있으면 하루만에 끝나지만 없으면 1년 이상 기다려야 하는 일들도 있는데, 인맥을 바탕으로 한 그런 '병원 새치기'가 건강 불평등을 가속화 하고 있다는 지적이다. 건강 불평등은 세계적인 현상이지만 한국의 건강 불평등 격차는 상대적으로 크다. 2013년 9월 3일 국제구호개발기구 월드비전이 발표한 전 세계 176개국의 건강 불평등 격차에 따르면 한국은 33위를 차지했다. 전체 순위에서는 비교적 상위권에 자리 잡았지만 고소득 국가 중에서는 중하위권에 머무른 것이다. 경제적 양극화때문이었다.
트랜드지식사전 https://terms.naver.com/entry.naver?docId=2718690&cid= 55571&categoryId= 55571(검색일: 2022.01.)

17 近藤克則(2017)『健康格差社会への処方箋』, 医学書院, pp.15-259.

18 요개호는 5-1 등급(1등급이 경도장애)으로 구분되고, 요지원은 1-2로 구분된다. 한국의 경우 1-5등급(5등급이 경도장애)으로 구분되고 그 이하는 인지등급이 있다.

어, 환자용 침대 등을 말한다. 이러한 것들을 사용하며 살고 있는 사람에게는 그야말로 신체의 일부이다. 지팡이 없이는 보행이 어려운 사람도 있고 자력으로는 일어나지 못하고 환자용 침대를 이용해 간신히 휠체어로 옮길 수 있는 사람도 있다. 만약 이러한 사람들이 지팡이나 휠체어 대신 가족의 손을 빌린다고 하더라도 당연히 가족의 개호 부담도 증가하고 개호 이직율도 더 상승할 것이다. 복지용구의 자기부담화는 케어를 필요로하는 고령자의 손발을 빼앗는 것이나 마찬가지이다.

셋째, 요개호 1-2 등급 생활원조의 자기부담화이다. 생활 원조란 요양보호사가 청소나 세탁 등의 가사지원을 중심으로 생활 전체를 지탱하는 서비스이다. 요양보호사의 역할은 집안일을 할 수 없는 사람을 대신해 단지 쇼핑이나 요리를 하는 것만이 아니다. 예를 들면 요리를 할 때 냉장고를 열어서 요즘 식사 상황이나 건강 상태를 확인하는 등 서비스를 통해서 생활 전체를 보고 유지하도록 하는 역할을 한다. 치매도 전문직이 초기 단계부터 관여하는 것이 매우 중요하며 증상이 가벼운 사람이라고 해도 생활원조는 꼭 필요한 서비스이다. 이러한 서비스를 자기부담화 하거나 각 지역이 실시하는 개호예방·일상생활 종합지원사업으로 이양한다는 것은 서비스의 질을 저하시킨다. 왜냐하면 서비스를 제공하는 인원 기준이 완화되어 전문 요양원이 감소함은 물론 주민 주체 자원봉사자에게 위탁하기 때문에 진료권 침해의 위험도 있어 서비스 질의 저하가 우려된다.

위와 같은 문제는 고령자만의 문제가 아니라 모두가 고령자가 되기 때문에 곧 누구나 해당되는 문제이다. 필요한 개호를 받을 수 없는 제도의 모순으로 인하여 건강 상태의 악화나 치매의 중증화가 진행되면 오히려 의료비나 개호 서비스비가 증대하여 결과적으로 사회보장비가 더욱 늘어나게 된다. 가족의 부담이 증가하기 때문에 간호를 위해 일을 그만둘 수 밖에 없는 사람이 증가할 것이다.

개호보험제도는 고령자 삶의 질을 향상시키고 남은 여생을 고통으로 지내는 일이 없도록 고안한 사회복지제도이다. 그러나 그 제도가 지닌 비 현실성으로 인해 노인들은 경제 부담이라는 물질적 압박과 개호예방이라는 심리적 압박을 동시에 받고 있다. 이러한 압박은 법과 제도를 명분으로 한 강제적 권력 행사에서 비롯된다. 이러한 점으로 볼 때 일본의 개호보험제도는 문화권력을 지니고있으며 이 권력은 노인문제와 노인복지 영역에서 서벌턴을 만들어내고 있는 제도라고 할 수 있다.

5. 한국의 시사점

일본의 개호보험법과 한국의 노인장기요양보험법의 내용을 비교해 보면 양국 법의 목적을 서술해놓은 부분이 유사하다. 우선 일본의 개호보험법의 목적을 보면, "이 법률은 연령이 높아짐에 따라 발생하는 심신의 변화에서 기인하는 질병 등에 의해 요개호상태가 되어 목욕, 배설, 식사 등의 개호, 기능훈련과 간호 및 요양상의 관리 그 밖의 의료를 요하는 자 등에 대하여 이러한 자들이 존엄을 유지하면서 그가 가진 능력에 따라 자립된 일상생활을 영위할 수 있도록 필요한 보건의료서비스 및 복지서비스에 관련된 급여를 제공하기 위해 국민의 공동연대 이념에 근거하여 개호보험제도를 마련하고, 그것을 시행하는 보험급여 등에 관하여 필요한 사항을 정하고, 이로써 국민의 보건의료향상 및 복지증진을 도모하는 것을 목적으로 한다."[19]고 되어있다.

다음으로 한국의 노인장기요양보험법의 목적을 보면, "이 법은 고령이나 노인성 질병 등의 사유로 일상생활을 혼자서 수행하기 어려운 노인등에게 제공하는 신체활동 또는 가사활동 지원 등의 노인장기요양급여에 관한 사항을 규정하여 노후의 건강증진 및 생활안정을 도모하고 그 가족의 부담을 덜어줌으로써 국민의 삶의 질을 향상하도록 함을 목적으로 한다."[20]고 명시되어 있다.

두 법령을 비교해 보면 일본의 내용을 약간 응축해서 정리해놓은 것이 한국의 법령으로, 목적을 비롯한 전체 내용 면에서도 매우 유사하다는 것을 알 수 있다. 그러나 주목해야 할 부분은 일본에서 2006년에 개정을 통하여 추가한 '개호예방'에 관한 내용을 아직 한국의 노인장기요양법에는 적용하지 않고 있다. 물론 노인문제를 둘러싼 여러 상황 들은 국가와 사회의 구분을 막론하고 노인의 건강 및 안전과 삶의 질을 개선하는 것을 목표로 하고 있을 것이다. 그렇다고는 해도 한국의 노인장기요양보험제도는 일본의 개호보험제도의 내용을 골자로 하여 마련하였다. 따라서 내용면에서나 실천면에서 시간차를 두고 유사한 상황으로 전개될 가능성이 크다

19 介護保険法, 平成09年12月17日法律第123号, 厚生労働省
20 노인장기요양보험법, 법률 제18610호, 보건복지부

고 할 수 있다. 현재 진행되고 있는 일본 개호보험의 동태와 상황을 자세히 검토하고 연구하는 것은 한국의 노인장기요양보험제도의 향방을 가늠할 수 있다는 점에서 중요한 의미를 지닌다.

한국에 축적되어있는 선행 연구를 보면 높이 평가되는 연구성과들이 있다. 그 가운데에서도 권성철(2019)[21]은 "한국보다 먼저 고령화를 경험한 일본과의 장기요양제도의 형성과 전개과정에 대한 비교연구를 통하여 한국 장기요양보험제도의 발전적 대안을 찾기 위한 정책적 함의를 도출"하는 연구를 진행하였다. 그리고 연구결과로 세 가지 발전적 대안을 제시했는데, 첫째, 케어 정책의 통합적인 체계를 구축해야 할 필요성, 둘째, 장기요양제도의 예방적 기능 강화의 필요성, 셋째, 장기요양시설에 있어서의 전문인력에 대한 교육의 강화가 필요하다는 것을 명확히 하고 있는 점에서 연구의 가치가 크다고 할 수 있다.

그러나 몇 가지 주의를 기울여 주목해야 할 부분이 있다. 권성철(2019)의 연구결과에서도 언급하고 있는 바와 같이 '예방적 기능 강화'가 노인에게 미칠 심리적 영향에 대해서도 심사숙고하게 배려해야 할 것이다. 또 노인장기요양보험제도는 고액의 국가 재정을 필요로하는 시스템이다. 이러한 시스템이 지속적으로 유지될 수 있을지 장담하기 어려움에도 불구하고 노인장기요양보험제도를 시행중에 있다. 결과적으로 재원의 충당을 위해 수급의 혜택을 제공받아야 하는 노인들에게 경제적 압박을 가하는 것은 아닌지에

---

21 권성철(2019)「한국과 일본의 장기요양제도의 형성과 전개과정에 관한 비교고찰」,『日本文化硏究』, 第69輯, 동아시아일본학회, p.25.

대해서도 고려해 보아야 할 것이다.

일본의 개호보험제도에 대한 검토를 통해 한국의 노인장기요양
보험의 개선 방향을 모색하는데 있어서는 다양한 측면에서 오랜
기간 연구되어왔다. 그러나 일부에서는 일본의 오류까지도 답습하
고 있는 경향을 보인다.[22] 노인의 서벌턴화를 고려하여, 국가 재원
측면에서 수급과 급여의 밸런스 유지와 '개호예방' 문제는 재고가
요구된다고 할 수 있다. 노인문제로 인해 노인을 위해 마련한 제도
가 오히려 노인을 서벌턴의 주체로 만들고 있고, 한국이 그 제도를
그대로 답습한다면 한국의 노인 또한 서벌턴으로 전락시킬 우려가
있음을 간과해서는 안 될 것이다.

6. 맺음말

본 연구는 일본의 개호보험제도에 내포되어 있는 '개호예방'과

---

22 노인장기요양기관 평가항목에는 노인 인권 보호, 수급자의 존엄성 및 사생활
보장, 수급자의 참여 강화, 기능 회복훈련, 욕창 예방, 수급자 청결 서비스 등 노
인 인권과 관련된 구체적인 항목들이 있다. 또한 종사자 인적자원 개발, 건강관
리, 복지향상 등 직원의 권익을 보호하는 평가항목 등 다양한 부분에서 평가가
이루어지고 있다. 한편, 노인들의 삶의 질을 향상 시키기 위함이라면 노인들의
현재의 상태를 유지할 수 있는 환경을 만들어야 한다. 그렇다면 노인은 물론 노
인의 케어를 담당하는 노인장기요양요원이 편하게 일할 수 있는 환경(편한제
도)을 만들어야 하는데 오히려 위에 서술한 '평가'라는 제도의 지나친 행정적
요구로 인해 노인들에게 제대로 된 서비스를 제공할 수 없다. 현장감을 무시한
행정 처리와 과다한 서류 요구, 규정의 비 현실성 등이 서비스의 질을 저하시킨
다. (본 내용은 한국의 노인장기요양보험제도를 시행하고 있는 '주야간보호센
터'를 방문하여 케어를 담당하고 있는 시설 관계자에게 인터뷰를 요청하였고
그 내용을 정리한 것이다.)

'자기부담비용의 증가'를 요인으로 문화권력이 생성되고, 이 문화
권력의 작용이 노인을 서벌턴화 하고 있다는 사실을 명확히 하였
다. 개호보험제도는 노인문제를 해결하기 위한 노인복지의 수단으
로 제정한 제도이다. 그러나 '개호예방'을 위해 늙음을 부정적인
것으로 치부하고 건강해야 바람직하다는 인식을 규정으로 강제함
으로서 노인은 사회적 압박을 받고 있다. 게다가 '자기부담비용의
증가'로 인한 경제적 압박은 개호를 가장 필요로하는 노인을 오히
려 더 소외하고 있다. 노인은 자신도 모르는 사이에 개호보험이라
는 제도가 지닌 문화권력으로 인해 '말할 수 없는' 서벌턴이 되고
있는 것이다.

한국의 노인장기요양보험제도는 일본의 개호보험제도의 내용을
골자로 하여 마련하였기 때문에 일본과 유사한 상황으로 전개될 가
능성을 배제하기 어렵다. 일본 개호보험제도에 관한 검토와 연구가
한국의 노인장기요양보험제도의 향방을 가늠하는 데에 불가결하다
고 할 수 있으나 일본의 개호보험제도가 보여주고 있는 오류를 그대
로 답습하는 상황을 만들어서는 안 될 것으로 사료된다.

끝으로 본 연구가 '노인'을 '말할 수 없는'에서 '말할 수 있는' 주
체로 전환 시키는 하나의 행동이 되었기를 기대하며 그 가능성을
모색하는 출발점으로 삼고자 한다.

| 참고문헌 |

권성철(2019)「한국과 일본의 장기요양제도의 형성과 전개과정에 관한 비교 고
　　찰」『日本文化硏究』, 第69輯, 동아시아일본학회.

남경태(2019)『개념어사전』, 휴머니스트.

이병록·이혜자(2008)「노인장기요양보장제도의 평가판정체계에 관한 한·
　　일 비교연구」『노인복지연구』, 한국노인복지학회.

정기룡·원지연(2018)「일본의 노인복지서비스에 관한 고찰－개호보험 도입
　　배경을 중심으로－」『일본근대학연구』제59집, 한국일본근대학회.

정기룡(2021)「일본의 개호보험제도 변용에 관한 고찰」『일본근대학연구』, 한
　　국일본근대학회.

문용필·정창률(2019)「한국 노인장기요양보험의 정책변화에 대한 분석(2008-
　　2018): OECD 주요국과의 비교를 중심으로」,『사회과학연구』제30권 1
　　호, 충남대학교 사회과학연구소.

로절린드 C. 모리스, 가야트리 차크라보르티 스피박 외, 역 태혜숙 외(2013),『서
　　벌턴은 말할 수 있는가』, 그린비.

君塚大学(1997)「‘文化権力’論とその学説史上の位置」, 社会学部論集第30号.

福井栄二郎(2009)「介護保険制度と生─権力」, 日本文化人類学会, 第43回研究大会
　　発表要旨集.

近藤克則(2017)『健康格差社会への処方箋』, 医学書院.

二木立(2007)「新予防給付の行方」『社会福祉研究』, 勁草書房.

二木立(2012)「介護予防の問題点─医療経済・政策学の視点から」『日老医誌』, 日
　　本老年学会.

徐東敏·近藤克則(2010)「新予防給付導入による介護サービス利用回数変化とアウト
　　カム」, 季刊社会保障研究.

214

원고 초출

제1장 일본 고전으로 본 男色과 지고(稚児)의 고찰　　　　　문명재
서벌턴의 관점에서

「일본 고전으로 본 男色과 지고(稚児)의 고찰 ― 서벌턴의 관점에서 ―」,
『日語日文學研究』 제122집, 한국일어일문학회, 2022년 8월

제2장 전근대 일본 사회의 '장해자' 인식에 관한 고찰　　　　이권희
서벌턴으로서의 '장해자'의 표상과 '극복' '승화'를 중심으로

「전근대 일본 사회의 '장해자' 인식에 관한 고찰 ― '장해자'의 표상과
'극복' '승화'를 중심으로 ―」, 『일본연구』 제92호, 한국외국어대학교
일본연구소, 2022년 6월

제3장 일본 근세의 피차별인과 예능인의 구제　　　　　　편용우

「일본 근세의 피차별인과 예능인의 구제」, 『일본언어문화』 제59호,
한국일본언어문화학회, 2022년 6월

제4장 '가쿠레키리시탄' 신앙의 혼종성　　　　　　최규리 · 박용구
이키쓰키시마(生月島)를 중심으로

「'가쿠레기리시탄' 신앙의 혼종성 : 이키쓰키시마(生月島)를 중심으
로」, 『日本思想』 제42호, 韓國日本思想史學會, 2022년 6월

제5장 영화「진흙강」과 오사카 하층민   강소영
전쟁의 상흔과 흔들리는 삶

「영화「진흙강」과 오사카 하층민-전쟁의 상흔과 흔들리는 삶-」,
『日本語文學』, 제93집, 한국일본어문학회, 2022년 6월

제6장 오모토교와 천황제, 유일신의 쟁투   노병호
근대 일본 종교문화·정치문화의 일체화, 그리고 정통과 이단

「오모토교와 천황제, 유일신의 쟁투-근대 일본 종교문화·정치문화
의 일체화와 정통과 이단-」,『일본연구』 제92호, 한국외국어대학교
일본연구소, 2022년 6월

제7장 제도(制度)가 지닌 문화권력과 서벌턴   김경옥
일본 개호보험제도를 중심으로

「제도(制度)가 지닌 문화권력과 서벌턴-일본 개호보험제도를 중심
으로-」,『日本思想』 제42호, 한국일본사상사학회, 2022년 6월

저자약력

문 명 재

한국외국어대학교 일본어과 및 동 대학원 일어일문학과를 졸업하고 일본 고베
대학 대학원 석박사과정을 졸업한 후 문학박사학위를 취득했다. 현재는 한국
외국어대학교 일본언어문화학부 교수로 재직 중이다. 저서로『일본설화문학연
구』(보고사 2003),『설화문학으로 본 일본문화』(한국외대지식출판원 2017)
등이 있고, 논문으로는「『今昔物語集』의 창의성 고찰－역사와 설화 사이－」
(『日本研究』제90호 한국외대일본연구소 2021.12) 등, 한일 설화문학을 중심
으로 한 다수의 논문을 발표하였다. 최근에는 일본 고전문학을 바탕으로 하여
일본의 참모습을 밝히는데 관심을 가지고 연구를 진행하고 있다.

이 권 희

한국외국어대학교 대학원 일어일문학과를 졸업하고 일본 도쿄대학 총합문화
대학원 비교문학비교문화 과정에서 석·박사과정을 수료했다. 현재 한국외국
어대학교 융합일본지역학부 특임강의교수. 근대기 일본 국민국가 형성 과정
에 있어 교육의 역할을 제도의 분석과 교육사상적 접근을 통해 규명하는 작업
에 주력하고 있다.『古事記 왕권의 내러티브와 가요』(제이엔씨, 2010),『근대
일본의 국민국가 형성과 교육』(케포이북스, 2013)『국가와 교육』(케포이북
스, 2017) 등, 다수의 저·역서와 논문을 발표했다.

편 용 우

도쿄대학(東京大) 인문사회계연구과 문학박사, 일본고전문예, 가부키 전공.
현재 전주대학교 일본언어문화학과 조교수. 최근에는 주로 일본의 재해문학
과 노인문제, 질병, 생사관, 사회적 약자를 중심으로 연구하고 있으며, 공저
『일본의 재난문학과 문화』(고려대학교출판문화원, 2018), 논문「가부키와
인형조루리의 노인상(歌舞伎と人形浄瑠の老人像)」(일본언어문화, 2020), 공동
논문「일본문학 속 신경병의 계보 :일본 전통예능에서 표출되는 신경병 양상
을 중심으로」(일본연구, 2020) 등이 있다.

최 규 리

한국외대 일본어과 및 동 대학원 아주지역연구학과에서 석사학위를 취득하
고, 오사카대학 인간과학부에서 2년간의 객원연구원 과정을 거친 후 한국외

217

국어대학교 국제관계학과에서 '국제화시대의 일본문화론이 지니는 이데올로기성'이라는 논문으로 박사학위를 취득하였다. 한국외대 일본어대학장, 도쿄외국어대학 CASS 특임교수, 야마구치대학의 초빙교수를 역임했으며 현재 한국외대 일본학대학 융합일본지역학부 교수로 재직중이다. 저·역서로는 『글로벌시대의 일본문화론』, 『일본군'위안부' 문제의 무시효성』(한국어판), 『時効なき日本軍「慰安婦」問題を問う』(일본어판), 『이문화간 커뮤니케이션』 등이 있다.

박 용 구
한국외대 일본어과 및 동 대학원 아주지역연구학과에서 석사학위를 취득하고, 오사카대학 인간과학부에서 2년간의 객원연구원 과정을 거친 후 한국외국어대학교 국제관계학과에서 '국제화시대의 일본문화론이 지니는 이데올로기성'이라는 논문으로 박사학위를 취득하였다. 한국외대 일본어대학장, 도쿄외국어대학 CASS 특임교수, 야마구치대학의 초빙교수를 역임했으며 현재 한국외대 일본학대학 융합일본지역학부 교수로 재직중이다. 저·역서로는 『글로벌시대의 일본문화론』, 『일본군'위안부' 문제의 무시효성』(한국어판), 『時効なき日本軍「慰安婦」問題を問う』(일본어판), 『이문화간 커뮤니케이션』 등이 있다.

강 소 영
한국외국어대학교 일본어과를 졸업하고 동대학원에서 일본근대문학을 전공했다. 오사카대학교 대학원 문학 연구과에서 문화 표현론 전공(한일비교문학 전문분야)으로 문학박사 학위를 취득한 후 줄곧 '한일비교문학·비교문화' 관련 연구와 교육을 해왔다. 현재 한국외국어대학교 일본연구소 전임연구원. 주요 논문으로는 「'조선색'과 문화적 인종주의-『조선고유색사전』(1932) 분석을 통하여-」, 「'불령선인(不逞鮮人)의 소환과 문화적 인종주의」, 「일본인 '위안부' 피해자의 말하기-시로타 스즈코(城田すず子)의 텍스트를 통해-」 등이 있다.

노 병 호
일본 교토대 대학원에서 정치학 석사, 박사 학위 취득. 현재 한국외대일본연구소 초빙연구원. 일본 근대정치사상, 일본 현대정치사상을 연구하고 있고, 현재는 마루야마 마사오의 근대주의가 포스트페미니즘, 포스트모더니즘 이후의 파편화·섹트화가 갖는 의미를 재해석하는 연구를 수행하고 있다. 주요논문으로는 「마르크스 국가론의 일본적 변용: <자본론> 완역가 다카바타케 모토유키의 국가사회주의자와 천황제」, 「마루야마 마사오와 2.26사건」, 「기시 노부스케의 현실주의－전전과 전후를 사정으로』, 「아베 신조와 기시 노부스케－기시 노부스케의 계승자임을 참칭하는 과정·방식·의의」, 「쇼와유신과 니치렌슈－1930년대 일본의 정념·궐기·좌절의 사상사적 배경」 등 다수의 논문과 저서가 있다.

김 경 옥
일본의 武蔵野女子大学幼兒敎育科 졸업, 동 대학원 인간사회문화전공 인간사회학 석사학위 취득, 한국의 한국외국어대학교대학원 일본학 박사학위 취득, 현재 한국외국어대학교 일본학대학 융합일본지역학부 특임강의교수로 재직 중이다. 주요논문은 「公共性 관점에서 본 일본의 전통적 公·私관」, 「일본현대교육에 나타난 공공성－교육기본법 개정 전과 후의 학교교육 내용비교를 중심으로－」, 「일본의 시쓰케를 명분으로 한 아동학대에 관한 연구」 등이 있으며 저역서에는 『우리들의 전쟁책임』(2013, 제이엔씨), 『일본 교육 이데올로기』(2018, 제이엔씨) 등이 있다.

이 저서는 2019년 대한민국 교육부와 한국연구재단의 지원을 받아 수행된 연구임.(NRF-2019S1A5C2A02081178)

일본 사회의 서벌턴 연구 5
종교·제도·인권 문제와 서벌턴

초 판 인 쇄   2023년 02월 20일
초 판 발 행   2023년 02월 27일

저   자   문명재 · 이권희 · 편용우 · 최규리
　　　　　　　박용구 · 강소영 · 노병호 · 김경옥
발 행 인   윤석현
발 행 처   제이앤씨
책 임 편 집   최인노
등 록 번 호   제7-220호

우 편 주 소   서울시 도봉구 우이천로 353 성주빌딩
대 표 전 화   02) 992 / 3253
전   송   02) 991 / 1285
홈 페 이 지   http://jncbms.co.kr
전 자 우 편   jncbook@hanmail.net

ISBN 979-11-5917-232-8　94300　　　　　　　　정가 15,000원
　　　　979-11-5917-211-3　(set)